云南省地方标准

普通国省道公路日常养护技术规范

DB53/T 1169—2023

主编单位：云南省公路局
　　　　　云南省交通规划设计研究院股份有限公司
　　　　　中公高科养护科技股份有限公司
　　　　　云南省公路科学技术研究院
批准部门：云南省市场监督管理局
实施日期：2023 年 7 月 25 日

人民交通出版社股份有限公司

北　京

图书在版编目(CIP)数据

普通国省道公路日常养护技术规范 / 云南省公路局等主编. — 北京：人民交通出版社股份有限公司，2023.12
 ISBN 978-7-114-19327-9

Ⅰ．①普… Ⅱ．①云… Ⅲ．①高速公路—公路养护—技术规范 Ⅳ．①U418-65

中国国家版本馆 CIP 数据核字(2024)第 010824 号

标准类型：	云南省地方标准
标准名称：	**普通国省道公路日常养护技术规范**
标准编号：	DB53/T 1169—2023
主编单位：	云南省公路局
	云南省交通规划设计研究院股份有限公司
	中公高科养护科技股份有限公司
	云南省公路科学技术研究院
责任编辑：	郭红蕊　闫吉维
责任校对：	赵媛媛
责任印制：	刘高彤
出版发行：	人民交通出版社股份有限公司
地　　址：	(100011)北京市朝阳区安定门外外馆斜街 3 号
网　　址：	http://www.ccpcl.com.cn
销售电话：	(010)59757973
总 经 销：	人民交通出版社股份有限公司发行部
经　　销：	各地新华书店
印　　刷：	北京印匠彩色印刷有限公司
开　　本：	880×1230　1/16
印　　张：	3
字　　数：	93
版　　次：	2023 年 12 月　第 1 版
印　　次：	2023 年 12 月　第 1 次印刷
书　　号：	ISBN 978-7-114-19327-9
定　　价：	50.00 元

(有印刷、装订质量问题的图书，由本公司负责调换)

目　次

前言 .... Ⅲ
引言 .... Ⅴ
1 范围 1
2 规范性引用文件 1
3 术语和定义 1
4 基本规定 2
5 巡查 3
　5.1 一般规定 3
　5.2 日常巡查 3
　5.3 专项巡查 3
6 路基 3
　6.1 一般规定 3
　6.2 路肩 4
　6.3 边坡 5
　6.4 排水设施 5
　6.5 防护及支挡结构物 5
　6.6 路堤与路床 6
7 路面 6
　7.1 一般规定 6
　7.2 路面保养 7
　7.3 沥青路面 7
　7.4 水泥路面 10
　7.5 其他路面 12
8 桥涵 13
　8.1 一般规定 13
　8.2 桥面系 14
　8.3 上部结构 15
　8.4 下部结构 17
　8.5 涵洞 17
9 隧道 18
　9.1 一般规定 18
　9.2 土建结构 19
　9.3 机电设施 22
　9.4 其他工程 22
10 交通工程及沿线设施 24
　10.1 一般规定 24
　10.2 安全设施 25
　10.3 交通标志 26
　10.4 交通标线 26

11 绿化工程	27
11.1 一般规定	27
11.2 浇水排水	27
11.3 施肥	27
11.4 修剪	27
11.5 支撑、扶正	28
11.6 行道树刷白	28
11.7 绿化栽植	28
附录 A(资料性) 日常巡查内容	29
A.1 路基	29
A.2 路面	29
A.3 桥涵	29
A.4 隧道	30
A.5 其他工程设施	31
A.6 交通工程及沿线设施	31
A.7 绿化工程	31
附录 B(资料性) 公路日常养护病害处治对策	32
B.1 路基	32
B.2 水泥路面	36
B.3 桥涵	37

前言

本文件按照《标准化工作导则 第1部分：标准化文件的结构和起草规则》(GB/T 1.1—2020)的规定起草。

请注意本文件的某些内容可能涉及专利。本文件的发布机构不承担识别专利的责任。

本文件由云南省交通运输标准化技术委员会(YNTC13)提出并归口。

本文件起草单位：云南省公路局、云南省交通规划设计研究院股份有限公司、中公高科养护科技股份有限公司、云南省公路科学技术研究院。

本文件主要起草人：李崇杰、陈华斌、李春晓、余敏、黎晓、闫春雨、周沛延、贾敬鹏、许鹏、安静、尹肖、李飞、代攀、王保兵、郑天罡、侯占全、沈新慧、马惠平、刘峻薇、王梦婷、陈亮亮、张莹莹、郑少鹏、李利斌、程海洲、王毅、陈黎。

引 言

针对云南省地形、地貌、气候与地质等自然条件复杂、普通国省道公路里程长、公路养护管理任务繁重的实际情况，为了提升日常养护方法决策、技术运用、施工工艺、质量控制、设备及材料选择运用等工作效率，提高公路的服务能力，提高公路养护能力和养护质量，制定本文件。

本文件是在调研国外、国内其他省区市及云南省已经运用成熟的普通国省道日常养护技术的基础上，结合云南省的地形、地质和气候等条件，以我国现行公路行业技术标准和规范为框架编制的。本文件内容是对我国现行公路行业养护技术标准、规范的细化和补充。

本文件是云南省普通国省道公路日常养护技术的指导性文件，重点指导云南省普通国省道公路日常养护阶段的工作。

普通国省道公路日常养护技术规范

1 范围

本文件规定了云南省普通国省道公路日常养护技术的相关内容。

本文件适用于云南省普通国省道公路巡查,路基、路面、桥涵、隧道、交通工程及沿线设施、绿化工程等日常养护作业。

2 规范性引用文件

下列文件中的内容通过文中的规范性引用而构成本文件必不可少的条款。其中,注日期的引用文件,仅该日期对应的版本适用于本文件;不注日期的引用文件,其最新版本(包括所有修改单)适用于本文件。

GB 16297 大气污染物综合排放标准
GB/T 24725 突起路标
JT/T 740 路面加热型密封胶
JT/T 969 路面裂缝贴缝胶
JTG 5120 公路桥涵养护规范
JTG 5142 公路沥青路面养护技术规范
JTG 5150 公路路基养护技术规范
JTG 5210 公路技术状况评定标准
JTG 5220 公路养护工程质量检验评定标准 第一册 土建工程
JTG 5421 公路沥青路面养护设计规范
JTG F40 公路沥青路面施工技术规范
JTG F90 公路工程施工安全技术规范
JTG H10 公路养护技术规范
JTG H12 公路隧道养护技术规范
JTG H30 公路养护安全作业规程
JTG/T H21 公路桥梁技术状况评定标准
JTG/T 3671 公路交通安全设施施工技术规范
JTJ 073.1 公路水泥混凝土路面养护技术规范
JTJ 075 公路养护质量检查评定标准
DB53/T 1124(所有部分) 公路数据采集技术规范

3 术语和定义

下列术语和定义适用于本文件。

3.1

日常养护 daily maintenance

日常养护是指公路养护从业单位对公路及其沿线工程设施进行经常性、及时性的巡查、清理、保洁、维护保养和修复其轻微损坏部分,使之保持良好状态的作业,日常养护包括日常巡查、日常保养和日常维修,包含路基、路面、桥梁、涵洞、隧道、交通工程及沿线设施、绿化等专业。

3.2

日常巡查 daily inspection

每天对可视范围内公路及其沿线设施进行外观巡视、检查,以及时掌握公路及其设施的整洁状况、完好状况的作业活动。

3.3

日常保养 daily cleaning and maintenance

按规定频率对公路及其沿线设施进行的表面清洁、杂物清理、杂草修剪、排水设施疏通、局部修整等工作。

3.4

日常维修 daily repairation

公路及其沿线设施的各种小规模病害或障碍的处治作业,主要包括对轻微病害的修补,以及一般病害、缺失、障碍的恢复性、重置性或预防性维修处治作业。

4 基本规定

4.1 遵循"预防为主,主动施策"的方针,保持公路及其沿线设施良好的技术状况,提高公路使用性能,延长公路使用寿命,降低全寿命周期的养护成本。

4.2 应按照规范的养护管理程序进行养护作业,包括巡查、决策、施工作业、验收和记录,形成标准化的工作流程及技术体系,构建统一的工作模式及档案管理要求。

4.3 加强养护工程质量管理,对养护工程进行跟踪观测,评估实施效果,做好技术总结,日常养护工程验收质量检验应符合 JTG 5220 的有关规定。

4.4 提倡和鼓励有条件的地区普及推广机械化养护作业,提高日常机械化水平、养护效率和效果。

4.5 所有上路作业人员必须身着统一标准的作业服并接受安全培训,熟知和遵守本工种的各项安全技术操作规程,并应定期进行安全技术考核,合格者方准上岗操作。

4.6 对于从事电气、焊接、车辆驾驶、压力容器、建筑登高架设作业的操作人员,应经过专业培训,获得国家规定的作业证书后,方准持证上岗。

4.7 养护作业应按 JTG H30、JTG F90 中的有关规定,布置作业控制区,布设交通安全设施,并加强现场养护作业管理,应设专人负责安全监管,设专人组织交通。

4.8 养护作业的各种机具设备和劳动保护用品,应保证其经常处于完好状态;不合格的机具设备和劳动保护用品严禁使用;机械设备应有明显的公路标志,配备"养护施工,随时停车"字牌。

4.9 应及时做好工作记录,建立养护作业原始记录档案,加强日常养护工作的信息化,建立日常养护数据库,涵盖日常养护工作的各环节内容,确保信息数据的时效性。

4.10 积极采用节能环保养护技术,对于公路养护所需的材料、施工工艺和产生的废旧料等方面应综合考虑节能环保的要求,采取有效措施,减少对生态环境和社会环境的影响。

4.11 应保护施工区植被,控制新增水土流失,改善生态环境。

4.12 在饮用水水源保护区内不得设置沥青混合料及混凝土拌和站;不得堆放或倾倒任何含有有害物质的材料或废弃物;不得在饮用水水源保护区内取土、弃土,破坏土壤植被。

5 巡查

5.1 一般规定

5.1.1 养护巡查对象为普通国省道公路工程构造物及设施，包括路基、路面、桥涵、隧道、交通安全设施、公路绿化工程及沿线服务设施等。

5.1.2 通过巡查工作全面掌握公路的使用状况，及时发现病害及安全隐患，提出处治方案或处理预案，以便对病害进行处治，保持路面整洁、路况良好，维护行车安全。

5.1.3 巡查人员应具备相关专业知识，经过安全培训与作业交底，具备初步判别病害及处置突发情况的能力；巡查人员应穿戴安全标志服，配备简易量测工具及照相、移动数据终端等设备。

5.1.4 巡查应做好巡查人员的保温、防冻、防滑等安全防护措施，宜安排在交通量较少的时段进行。

5.2 日常巡查

5.2.1 日常巡查应主要检查公路及其沿线设施病害，以及易诱发路面病害或影响通行的积水、积雪、积冰、污染物、散落物、路障等情况，各专业巡查内容见附录 A。

5.2.2 日常巡查的频率每日不应少于一次，宜采用驾车或步行巡查方式，驾车巡查过程中发现病害及异常情况时应临时停靠在右侧紧急停车带或右侧路肩，进行人工辅助检查。

5.2.3 日常巡查应遵循顺向巡路的原则，开启车辆闪光灯和闪光筒头，巡查中的临时停车作业须设置规范齐全的警示、警告标志，确保行车安全。

5.2.4 日常巡查发现影响路面通行的障碍物或异常情况时，应及时采取措施进行清除与处理；危及行车安全的，应采取临时安全保障措施后再进行处理。

5.2.5 日常巡查应记录病害与异常情况信息，宜采用移动终端及时录入相关信息系统，数据采集应符合 DB53/T 1124 的有关规定。

5.2.6 日常巡查中发现超出日常养护作业内容的紧急情况时应按规定及时报告。

5.3 专项巡查

5.3.1 雨季期间应加强对边坡、桥梁、防护及排水构造物的巡查，发现隐患，及时上报。

5.3.2 冬季期间应加强对长纵坡、急弯陡坡、临水临崖、事故多发路段的巡查，及时处置影响道路交通的事件，保障公路设施完好、安全和畅通。

5.3.3 夜间巡查应重点检查辖区公路、桥梁及隧道夜间交通安全设施的反光技术状况、夜间占道经营情况，及时处置，上报更换或修复。

5.3.4 对常年地质与气象灾害多发路段的路基、路面、边坡、防护工程、桥梁、隧道等重要构造物及其周边地质灾害点（如可能危及安全的滑坡、崩塌等不良地质）应加强巡查。

6 路基

6.1 一般规定

6.1.1 养护内容及养护对策

路基日常养护作业内容见表 1。养护作业应针对各种病害类型及严重程度综合考虑养护工艺适用性，选择适宜的养护处治措施。具体养护对策详见附录 B。

表 1 路基日常养护作业内容

序号	作业对象	内容
1	路肩	修整缺口;修复路肩坍塌及硬路肩;处治路肩裂缝;清理杂草及堆积物;处治硬路肩脱空;排水不良处理;处治土路肩病害
2	边坡	清理边坡堆积物及杂草;清除碎落崩塌;处治边坡裂缝;修复坡面局部病害;处理喷锚、喷浆等局部病害;修整边坡植被
3	排水设施	排水设施疏通、局部损坏修复
4	防护及支挡结构物	除草保洁;处治挡土墙裂缝;挡土墙泄水孔疏通、修复局部破损;沉陷、倾斜修补
5	路堤与路床	路基翻浆处治;轻微沉陷处治

6.1.2 养护要求

6.1.2.1 应保证路肩表面密实平整、清洁、无堆积物、无杂草;路肩宽度符合设计要求,边缘顺直、无缺损;横坡符合设计要求,与路面衔接平顺,不阻挡路面排水;路缘石完好、无缺陷。

6.1.2.2 应保证边坡坡面平整,无冲沟、无松散、无杂物;坡度符合设计要求,边坡稳定。

6.1.2.3 应保证排水系统排水畅通、纵坡适度;无杂物、无淤塞、无冲刷;排水系统进出水口状况完好、无积水。

6.1.2.4 及时巡查防护及支挡结构有无沉陷与开裂情况,沉降缝、伸缩缝完好情况,构造物表面平整与脱空情况,排水孔堵塞与损坏情况,对轻微病害进行处治。

6.1.2.5 应保证路堤与路床无明显不均匀沉陷,无开裂滑移,无冻胀、无翻浆。

6.2 路肩

6.2.1 路肩缺口

路肩出现 20cm×10cm(长度×宽度)以上的缺口,路缘石丢失、损坏、倾倒,以及路缘石与路面脱离透水等病害,需修补路肩缺口或更换路缘石。

6.2.2 路肩裂缝

硬路肩出现的纵向裂缝、横向裂缝、龟裂、块裂等开裂性病害,参照路面裂缝病害进行处治;土路肩的裂缝,采用修补裂缝、硬化土路肩或植草加固处治。

6.2.3 路肩杂草

路肩存在未经修剪且高于路肩顶面15cm的杂草或杂草过界生长的情况宜采取阶段性修剪的方式控制杂草高度低于15cm,并及时修剪侵入公路建筑限界内的杂草。

6.2.4 硬路肩脱空

硬路肩面层脱空以及面层、基层、土基之间发生脱空现象宜采用挖补回填或注浆处治。

6.2.5 路肩排水不良及堆积物

路肩高于路面阻挡路面排水、路肩横坡影响排水时应修整路肩横坡。

6.2.6 土路肩

土路肩发生的松散、开裂、沉陷、软化等病害宜采用砌石加固、水泥混凝土加固、开挖重新压实、植被加固等方法处治。

6.3 边坡

6.3.1 边坡杂草及堆积物

边坡上未经修剪且高于坡面15cm的杂草、倾倒树木、杂物、垃圾等堆积物应进行及时修剪或清除。

6.3.2 碎落崩塌

路堑边坡坡面出现岩层剥落、碎石滚落、局部崩塌等，应及时对碎落物进行清理并加固坡面。

6.3.3 坡面病害

6.3.3.1 因雨水冲刷在路堤坡面上形成的宽度和深度大于10cm的沟槽（含坡脚缺口）或路堑坡面上形成的宽度和深度大于20cm的沟槽等局部冲刷病害，应对沟槽处进行恢复。

6.3.3.2 边坡上裂缝宽度小于0.5cm的细裂缝应填塞修复，边坡上裂缝宽度大于0.5cm的宽裂缝应开挖回填。

6.3.3.3 表面风化剥落，面积小于$3m^2$的坡面风化剥落宜采用水泥砂浆修补；面积大于$3m^2$的坡面风化剥落宜清理、平整坡面后铺设铁丝网或钢筋网，再喷混凝土处理。

6.3.3.4 坡面出现露筋应采用混凝土或砂浆对露筋部位进行封闭；破碎较大时，可重新锚喷坡面或增设主动防护网。

6.3.3.5 坡面裂缝宽度较大时应先进行裂缝观测，可采用骑马桩、贴片等进行日常观测；当裂缝宽度不再增大时，可采用灌填修补。

6.3.3.6 坡面出现沉降错台应先进行位移观测，当变形不再发展时可采用灌填修补；变形继续发展时应进行稳定性判断后采取相应的工程措施。

6.4 排水设施

6.4.1 堵塞

现有排水设施堵塞、排水不畅或路基自身排水系统与外部排水系统不连通，应及时疏排。

6.4.2 损坏

排水设施出现勾缝脱落、沟底破损、沟帮破坏、盖板损坏等情况可用水泥砂浆填补、修复或更换盖板，设施缺失的应重新增设。

6.5 防护及支挡结构物

6.5.1 杂草、杂物

应保持对护坡支挡构造物上杂草、杂物、人为垃圾堆积的清洁。

6.5.2 挡土墙裂缝

挡土墙出现勾缝或沉降缝损坏、墙身裂缝等，应采用水泥砂浆、环氧树脂等材料对墙身裂缝进行封闭。

6.5.3 挡土墙泄水孔堵塞

排(泄)水孔淤塞造成排水不畅时应采用机械或高压水枪疏通；墙面渗水较严重时应沿墙面出水位置隔一定距离(5m～10m)增设泄水孔；墙后积水时应先排出积水，再回填、整平墙后土体，增设排水沟。

6.5.4 局部损坏

局部出现基础掏空、墙体脱空、脱落、鼓肚、轻度裂缝、下沉等情况应采用水泥砂浆、浆砌片石及环氧树脂等进行嵌补回填。

6.6 路堤与路床

6.6.1 路基翻浆

因排水不畅、土质不良、含水率过高导致路基出现裂缝冒泥浆应进行换填处治，并做好排水措施。

6.6.2 杂物堆积

及时清除人为倾倒的垃圾、堆积的秸秆等杂物。

6.6.3 路基缺口

长度在20m以内、深度在50cm以内的路基沉陷应挖除后采用适用填料进行填补。

6.6.4 轻微沉降

出现大于4cm的差异沉降或大于5cm/m的局部沉陷应填补平整，有必要时进行压浆处治。

7 路面

7.1 一般规定

7.1.1 养护内容及养护对策

路面日常养护作业内容见表2。路面日常养护应针对各种路面病害类型及严重程度，并结合交通量以及不同气候区域差异特点，考虑养护工艺适用性，参照附录B选择适宜的日常养护对策。

表2 路面日常养护作业内容

序号	作业对象	内容
1	沥青路面	处理沥青路面的泛油、拥包、裂缝、松散等病害；沥青路面修补坑槽、沉陷；处理波浪、龟裂、啃边等病害
2	水泥路面	日常接缝清缝、灌缝；水泥混凝土路面板块的坑洞、断角局部修理
3	其他	路况巡查；砂石、块石以及弹石路面日常养护，包括清除路面泥土、杂物，保持路面整洁；路面扫匀面砂，洒水润湿，修补磨耗层；修理车辙、坑槽、沉降等病害；路缘石的修理和刷白

7.1.2 养护要求

7.1.2.1 对路面病害的维修应做好施工准备，保证工序之间的衔接；对坑槽、沉陷等需将原路面挖除后进行机械修补作业的病害,应当日开挖、当日修补;养护作业路段应满足基本通行要求。

7.1.2.2 应保持路面干净、整洁,无杂物和积水,及时发现并处治病害,处治作业应保证与原路面接合的界面顺直、紧密、耐久,达到平整、美观等效果。

7.1.2.3 日常养护采用的各类材料及养护施工作业应符合 JTG F40 的有关规定。

7.1.2.4 日常养护应做好路面日常巡查、病害处治和障碍清理的记录,应及时建立养护历史资料档案,在安排养护计划时应充分利用养护历史资料。

7.2 路面保养

7.2.1 路面保洁

7.2.1.1 定期清扫路面上泥土和污物;路面上的小石块等坚硬物和中央分隔带内的杂物应及时清除,保持路容整洁。

7.2.1.2 路面清扫频率应根据公路状况、交通量大小及其组成、环境条件等确定。

7.2.1.3 路面清扫提倡机械化作业,机械清扫留下的死角,应辅以人工清除。

7.2.1.4 及时检查并清除路面积水,保持路面排水功能正常。

7.2.2 夏季洒水降温作业

7.2.2.1 应了解当地气象温度相关资料,掌握沥青路面表面温度变化规律后制订切合实际情况的夏季洒水降温工作计划。

7.2.2.2 夏季连续三天最高气温达到35℃及以上,沥青路面表面温度达到60℃及以上时,对于易发生车辙、波浪、拥包的上坡、弯道、桥梁等路段,宜进行洒水降温作业或进行交通管制。

7.2.2.3 夏季洒水降温作业宜采用机械方式,宜在每天12:00～15:00时间段进行,洒水车辆应行驶在道路右侧位置。

7.2.3 冬季路面除冰、除雪作业

7.2.3.1 冰雪路面养护除雪作业以清除新雪为主,化雪时应及时清除雪水和薄冰。除冰困难的路段应以防滑措施为主、除冰为辅,除冰雪作业应防止破坏路面。

7.2.3.2 应重点做好桥面、隧道进出口、坡道、弯道、垭口等路段的除雪、除冰、防滑工作。

7.2.3.3 除雪、除冰、防滑等养护工作应根据气象资料、沿线条件、降雪量、积雪深度、危害交通范围等因素确定作业计划,并做好作业人员培训、机械设备、作业工具、防冻防滑材料的准备。

7.2.3.4 除雪作业应选择环保产品,以不伤害道路设施、不危害环境的材料为首选。

7.3 沥青路面

7.3.1 裂缝类病害日常养护作业

7.3.1.1 病害修复所用材料应符合下列规定:
   a) 灌缝材料宜根据各地区不同道路情况选择专用密封胶,密封胶应具有一定的强度,与沥青路面黏结力强、黏度低,易于灌入裂缝;低温时不丧失其弹性和延展性;密封胶主要性能应符合 JT/T 740 的规定。
   b) 贴缝带应具备良好的黏结性、弹性、耐水性、高温稳定性,主要性能应符合 JT/T 969 的规定。
   c) 宜使用密级配沥青混合料进行修补作业,修补用沥青混合料、乳化沥青类材料以及冷补沥青混合料性能应符合 JTG 5142 的规定。

7.3.1.2 灌缝处治裂缝应符合下列规定:

a) 裂缝处治前应吹净缝隙内及裂缝周围 20cm 范围内的杂物及灰尘等,并用喷枪或热空气将缝隙内烘至干燥。
b) 采用常温自粘式贴缝带时,直接将贴缝带沿裂缝粘贴到路面上并按压紧密,裂缝应处于贴缝带中间位置;采用热粘式贴缝带时,贴缝前应对裂缝部位进行加热,用喷枪烘烤贴缝带粘贴面至表面熔化后再进行粘贴。可使用橡皮锤等对贴缝带进行轻击,使贴缝带黏结牢固。
c) 灌缝处治作业应满足下列要求:
  1) 灌缝前应提前预热专用密封胶,并采取必要的保温措施,建议保温时间不超过 4h;密封胶加热后 8h 内应全部用完,不宜反复加热,应随用随添。
  2) 使用开槽机对准裂缝中线切割出均匀的方形凹槽,宽度宜为 10mm～20mm,宽深比宜为 1～2,开槽完毕后需清缝并烘干。
  3) 使用灌缝机将预热完毕的密封胶灌入裂缝,灌缝作业由低的一端向高的一端灌注,灌缝应均匀一致,避免漏灌和填缝料外溢;如有漏灌则人工及时补齐,并及时清除外溢流淌的灌缝料。
  4) 灌缝结束待密封胶完全冷却至常温后即可开放交通,若需提前开放交通,可在修整后的灌缝带上均匀撒布少量细砂,防止粘轮。
  5) 灌缝后密封胶应饱满、均匀、厚度一致并连续贯通,不应开裂和渗水。

7.3.1.3 刮油封裂处治裂缝应符合下列规定:
a) 施工前应按照"方正顺直"的原则确定处治范围,并清扫干净路面病害范围内的泥土、灰尘、污垢及杂物。
b) 在处治面积内均匀喷洒热沥青并及时用刮板摊刮均匀,热沥青摊刮温度以 120℃～140℃为宜(低温地区温度可适当提高 10℃),用油量控制在 0.8kg/m² ～1.0kg/m²。
c) 第一遍热沥青摊刮均匀后,及时将植筋网、防水布或玻纤格栅等抗裂加筋材料铺贴于热沥青层面上,并抹铺平整,铺贴范围应略小于处治面积,以每边缩进 3cm～5cm 为宜。
d) 在铺贴好的抗裂加筋材料表面喷洒第二遍热沥青,以 0.5kg/m² 用量为宜。
e) 第二遍热沥青摊刮均匀后,在沥青温度尚未过多散失时,及时均匀撒铺一层 5mm 厚的干燥洁净集料(粒径 3mm～5mm)。
f) 在摊刮后的沥青温度为 60℃～80℃时,用轻型压路机或平板夯夯压撒铺的集料,使集料颗粒充分嵌入沥青层中,随即可开放交通。
g) 刮油封裂处治的施工质量检查宜在完工开放交通 3 天后进行,加筋材料不拱包、不褶皱,集料颗粒应均匀黏附在表面并适当嵌入沥青层中,无花斑现象。

7.3.1.4 挖槽回填处治应符合下列规定:
a) 施工前应按照"圆洞方补,斜洞正补"的原则确定处治范围,处治范围一般为病害面积四周扩大 10cm～15cm 的方槽,其边线应与路面中心线平行或垂直。
b) 用切缝机对处治范围进行切割,切缝深度不宜超过面层厚度,采用风镐或小型挖掘机将划定范围内材料凿除,开槽应将沥青黏层或封层一并凿除,保证槽底平整和槽壁垂直。
c) 开挖清理槽内松散混合料后,使用高压吹风机清理修补界面,保证槽面和槽壁干净、无杂物和浮灰、无松动集料,槽底无龟裂、唧泥和渗水现象;出现潮湿槽面时要烘干。
d) 槽底和槽壁上需涂刷一薄层乳化沥青黏层油,但注意不能形成黏层油堆积。
e) 将新补沥青混合料卸入坑槽中,耙平混合料时注意保证表面粗细料均匀,新补沥青混合料松铺系数宜为 1.15～1.3,且新补沥青混合料单层厚度宜不超过 4cm,分层填筑时,中下层厚度可适当调整。
f) 采用小型压路机或平板夯对回填沥青混合料进行压实,碾压时应遵循先四边后中心、先静压后振压的原则,接缝处应骑缝碾压,严禁碾压多遍以后再补充新料碾压。

g) 压实后,使用灌缝设备或贴缝带沿着接缝处进行封边,形成具有一定宽度的密封带,防止渗水。
h) 修补完毕后,将施工区域垃圾和废弃料清扫干净,待新补沥青混合料冷却至常温即可开放交通。
i) 修补位置应平整密实、路拱适度、线条顺直、排水良好,无松散、推移、明显接缝以及跳车现象。
j) 对于坑槽面积小于 3m² 的难以用热拌沥青混合料修补的病害,雨季期间可用冷补沥青混合料进行应急性快速临时修补,天晴后及时更换修补。
k) 挖除旧路面时,应根据病害的严重程度决定挖掘的深度,因基层强度不足引起破坏的,必须处理到基层,将损坏的基层、底基层清理干净,用素混凝土或沥青碎石重新填筑后,再进行路面修复;若基层存在单条裂缝的轻微病害,可实施灌缝后再进行面层材料铺筑。

7.3.2 变形类病害日常养护作业

7.3.2.1 宜使用密级配沥青混合料进行修补作业,修补沥青混合料、乳化沥青类材料以及冷补沥青混合料性能应符合 JTG 5142 的规定。

7.3.2.2 沉陷处治应符合下列规定:
a) 路面出现 3m² 以下且小于 25mm 的轻微下沉、无破损或仅有少量轻微裂缝时,可在沉陷部位喷洒黏层沥青,用新补沥青混合料将沉陷部分填补,并压实、整平。
b) 出现 3m² 及以上的不均匀下沉时,可对沉陷路段两端衔接部位各 10m 范围内分层、分台阶铣刨沥青面层,纵向台阶搭接宽度不宜小于 30cm,横向台阶搭接宽度不宜小于 20cm,清理干净下承层后喷洒黏层沥青,在侧壁涂覆乳化沥青后,分层重铺沥青面层。
c) 因基层局部强度不足或松散造成的路面沉陷,应铣刨或挖除沥青面层并处理好基层病害后,重铺沥青面层。

7.3.2.3 波浪、拥包处治应符合下列规定:
a) 面层原因导致的轻微波浪、拥包可在夏季高温季节,利用压路机沿与路中心线成 45°角方向反复进行碾压,以适当改善路面平整度。
b) 可在波谷部位喷洒沥青,均匀撒布适当粒径的矿料,找平后压实。
c) 可采用机械精铣刨方法铣平鼓起部分,铣刨过程中注意高程控制。
d) 如果路面连续多处出现较大面积波浪、拥包,但路面基层仍属稳定,可采用挖槽回填方法将病害区域面层全部挖除,然后重新铺筑面层。

7.3.3 其他类病害日常养护作业

7.3.3.1 修复所用材料应符合下列规定:
a) 用于沥青路面养护维修的集料应洁净、干燥、无风化、无杂质,具有足够强度和耐磨性,含泥量和级配等必须符合 JTG F40 规范要求,各种不同规格的材料应分别堆放。
b) 沥青和乳化沥青类材料应符合 JTG 5142 规定的技术要求。

7.3.3.2 松散、麻面处治应符合下列规定:
a) 对于轻微松散、麻面,可在病害部位涂刷稠度较高的沥青或乳化沥青,用量宜为 0.8kg/m² ~ 1.0kg/m²,再撒铺 3mm~5mm 粒径碎石或粗砂,用轻型压路机压实。
b) 低温潮湿季节处治宜采用乳化沥青作封层处理。

7.3.3.3 泛油处治应符合下列规定:
a) 严重泛油路段,采用撒料强压处理,先撒一层 10mm~15mm 或更粗粒径碎石,用重型压路机强行碾压,达到基本稳定后,再分次撒布 5mm~10mm 的碎石或粗砂,通过行车碾压成型。
b) 泛油较重的路段,先撒 5mm~10mm 的碎石,待稳定后再撒 3mm~5mm 的碎石或粗砂,通过行车碾压至不粘轮为宜。

c) 轻度泛油的路段，可撒 3mm～5mm 的碎石或粗砂，通过行车碾压至不粘轮为宜。
d) 应顺行车方向先撒碎石等粗料，后撒石屑或粗砂等细料，撒布要均匀，无堆积、无空白，均匀压入。
e) 处治时间宜选择在病害路段出现全面泛油的高温季节。

7.4 水泥路面

7.4.1 接缝类病害日常养护作业

7.4.1.1 水泥路面填缝料宜 3～5 年完全更换一次；宜在秋季接缝或裂缝半张开期间更换填缝料，当年雨季前应更换完毕。缩缝或裂缝填缝料不宜在高温季节更换；胀缝填缝料不宜在冬季或者低温季节更换。

7.4.1.2 接缝填缝处治应符合下列规定：
  a) 宜用锯片或者电动金属刷将接缝中的旧填缝料清除并吹干，注意不应伤及接缝两侧的旧混凝土。
  b) 接缝密封可采用橡胶沥青、聚氨酯或硅橡胶类等材料；按规定的形状和施工工艺要求施工，待密封材料达到性能要求后方可开放交通。

7.4.1.3 胀缝填缝处治应符合下列规定：
  a) 胀缝填缝料更换应首先检查胀缝板和传力杆的完好情况、胀缝边缘的破损情况、胀缝宽度、密封槽宽度和深度，不符合原设计要求时应进行修复。
  b) 胀缝密封宜使用背衬条隔离填缝料底部，使用体积可压缩胀缝填缝料按原设计要求进行密封。夏季密封时，填缝料应密实饱满；冬季密封时填缝料宜下凹 3mm～5mm。
  c) 使用胀缝密封条时，密封条的位移量应满足胀缝压缩变形的要求，采用胶黏剂将密封条与胀缝壁黏结牢固。夏季安装密封条时，应将密封条挤压后嵌入；冬季安装密封条时，可自然嵌入。

7.4.1.4 拱起处治应符合下列规定：
  a) 长间距胀缝水泥混凝土路面、钢筋混凝土路面、胀缝或缩缝被硬物顶紧的水泥混凝土路面，当发生热胀屈曲、挤压纵裂或路面拱起时，应进行处理或修复。
  b) 轻微屈曲和挤压纵裂的路面无明显拱起时，可设置隔离缝释放热压应力，隔离缝按下列要求设置：
    1) 隔离缝的位置应位于挤裂路面的两端，或两道胀缝的中间路段，或与结构物相邻板附近。
    2) 根据路面板伸长变形量大小，可设置一道或多道隔离缝，将挤压应力释放，避免纵向裂缝扩展或顶坏结构物。
    3) 隔离缝可设于缩缝部位，采用深层切割机将缩缝切除，形成宽度为 10mm～15mm 贯通板厚的隔离缝。隔离缝按胀缝材料和密封深宽比的要求进行密封。
  c) 热胀屈曲导致板端拱起但路面完好时，采用应力释放法处治，应符合下列规定：
    1) 应根据拱起的高低程度，计算需要切除部分板块的长度。先将拱起板块两侧附近 1～2 条横缝切宽，待应力充分释放后切除拱起端，逐渐将板块恢复原位，然后清理缝隙和其他接缝。
    2) 拱起板两端因硬物夹入发生拱起，应将硬物清除干净，使板块恢复原位，接缝内杂物和灰尘应清理，并按要求填缝。
    3) 拱起板端发生断裂或破损时，通过全厚式补块方法修复。
  d) 拱起修复后新缝填缝料不得高出路面，且不低于路面 3mm；拱起修复部分路面高程应与原路面一致。

7.4.1.5 错台处治应符合下列规定：

a) 错台量小于10mm时，可采用研磨方法磨平；错台量大于10mm时宜采用薄层修补；反复错台时，应考虑采取补设传力杆、灌浆稳板的措施进行处治。
b) 采用研磨方法磨平时，应采用专用磨平机从高错台侧逐渐研磨，随时用3m直尺检查磨平情况，直到错台量符合要求。
c) 整个路面设计使用年限内，错台研磨次数不宜超过2次，总磨耗量不宜超过10mm，磨平后应采用刻槽机恢复纹理构造。
d) 采用薄层修补方法时，应将下沉板凿除20mm～30mm，长度按1%纵坡计，采用高压空气清除杂物灰尘后浇筑修补料，养生至通车强度后开放交通。修补块硬化后应采用刻槽机恢复纹理构造。
e) 逐条接缝检测错台量，应满足控制目标最大错台量不得大于3mm；抽查构造深度一般路段宜为0.7mm～1.1mm，桥面、隧道及合成纵坡大于3‰等特殊路段宜为0.8mm～1.2mm。

7.4.2 裂缝类病害日常养护作业

7.4.2.1
裂缝密封材料应具有足够的抗变形能力、防水密封能力和耐紫外老化能力，与旧混凝土有足够的黏结弯拉强度、不溶于水、高温时不流淌、低温时不脆裂、耐老化、有一定抵抗砂石嵌入能力、便于施工操作。

7.4.2.2 轻度裂缝密封处治应符合下列规定：

a) 沿裂缝走向将裂缝扩宽成10mm宽度沟槽，宽深比宜为1。
b) 清除槽内碎屑，用高压吹风机将槽内壁吹净，如槽壁有黏附性强的污染物，先用钢丝刷清理干净，再用高压吹风机吹净沟槽内灰尘后灌入填缝料。
c) 待填缝材料固化达到通车强度后，方可开放交通。

7.4.2.3 中、重度裂缝密封应符合下列规定：

a) 中度裂缝宜采用扩缝密封或条带罩面方法修补，扩缝密封应符合本规范7.4.2.2中规定。
b) 重度裂缝可采用条带罩面或全厚式修补方法处治。

7.4.3 表层类病害日常养护作业

7.4.3.1 坑洞修补应符合下列规定：

a) 坑洞修补材料应与旧混凝土的强度相近，宜优先选用高韧性水泥混凝土修补材料。
b) 可采用钻孔取芯法或切割破碎法清除坑洞中的夹杂物。
c) 坑洞回填采用干硬性混凝土时，应采用夯锤分层夯实，每层厚度不宜大于50mm；采用浇注式混凝土时，应采用振动棒捣实，填补后混凝土表面平整、密实。
d) 坑洞修补宜采用内部养生方法养生，混凝土拌合物中宜掺入高吸水树脂类内部自养生材料一起浇筑，混凝土凝结后应喷洒养护剂养生。
e) 修补完毕应将周边的混凝土应清理干净，混凝土硬化后，采用手持锯沿原纹理构造将纹理拉通。

7.4.3.2 薄层修补应符合下列规定：

a) 薄层修补一般应在更换填缝料之前或灌浆稳板后进行，可采用环氧树脂砂浆、聚合物水泥砂浆、地聚合物砂浆修补，修补区长度应不小于200mm，宽度应不小于100mm。
b) 应选择和修补材料相匹配的界面黏结剂处理旧混凝土表面；当用水泥基修复材料时，先用水浸润旧混凝土界面后直接铺筑修补材料，也可以用低水灰比水泥浆涂覆界面。
c) 按设计配合比要求，对混合料进行充分拌和，摊铺压实后用刮刀刮平，必要时可对表面进行振捣，并进行表面修整，制作表面纹理构造。

d) 修补完毕后应及时养生,保证界面充分结合和强度发展;达到交通开放要求后,仍需要每天洒水养生,直到新旧混凝土变形一致。

7.4.3.3 刻槽恢复表面功能应符合下列规定:
a) 路面抗滑性能 BPN 值不满足 40 或抗滑性能指数 SRI 小于 80 时,宜实施横向刻槽。
b) 防滑槽可根据刀片的宽度来选定适宜的形状。刻槽深度宜为 3mm～4mm,槽宽宜为 3mm～5mm,槽间距离宜为 12mm～25mm。刻槽作业时应由高向低逐步推进。刻槽机最小作用宽度应不小于 500mm。
c) 刻槽后一般路段路面构造深度宜为 0.7mm～1.1mm,桥面、隧道及合成纵坡大于 3％等特殊路段路面构造深度宜为 0.8mm～1.2mm,抗滑性能 BPN 值应大于 45。

7.5 其他路面

7.5.1 砂石路面

7.5.1.1 松散保护层应加强经常性的添砂、扫砂和匀砂工作,稳定保护层可采用洒水法、加浆法等进行养护。

7.5.1.2 磨耗层发生高低不平时,应铲除凸出部分,并用同样的润湿混合料补平低凹部分,碾压密实。

7.5.1.3 当砂石路面坑槽和车辙深度小于 3cm 时,应先将坑槽和车辙内及其周围的尘土杂物清除,洒水湿润,再用与原路面相同的材料填补并碾压密实。

7.5.1.4 当砂石路面坑槽和车辙深度大于 3cm 时,应按"圆洞方补、浅洞深补"的原则,沿修补区划出轮廓线,沿轮廓线垂直挖槽,挖槽深度应不小于坑槽和车辙最大深度,填入与原路面相同的材料后碾压密实。

7.5.1.5 砂石路面出现松散时,应将保护层和松动的材料扫集堆起后,整平路面表层,洒水润湿,把扫集的材料筛分后加入新的材料进行摊铺压实。

7.5.2 弹石路面

7.5.2.1 弹石路面若基层完好,仅面层出现部分坑槽,可翻除弹石后开挖至坑底稳定部分,填入填料并夯实,重铺弹石。对于因基层局部强度不足等使基层破坏而形成的坑槽,应先处治基层,再修复面层。

7.5.2.2 对于基层水稳定性不良或含水率过大造成的翻浆病害,可翻除弹石后,挖除全部松软基层部分,将基层材料翻晒晾干,并适当增加新的硬粒料,分层压实后再恢复弹石面层。

7.5.2.3 因雨季引起的翻浆应根据情况采取以下方法予以处治:
a) 换填砂砾。
b) 加深边沟,并在翻浆路段两侧路肩上交错开挖 30cm～40cm 的横沟,其间距为 3m～5m,沟底纵坡不小于 3％,沟深根据翻浆情况确定。如翻浆严重,除挖横沟外,还应顺路面边缘设置纵向盲沟。

7.5.2.4 因路基不均匀沉降而引起的局部路面沉陷,若土基和基层已经密实稳定,不再继续下沉,可只将砂垫层进行调整,再修补面层。

7.5.2.5 对含水率和空隙比较大的软基或含有有机物质的黏性土层,应对基层进行换填处理,换填深度应视软层厚度而定。换填材料应选择强度高、透水性好的材料,如碎石土、软砾石、中粗砂及强度较高的工业废渣等,且要求级配合理。

7.5.2.6 对于不同程度的损边病害,可将边石挖出,校正边石后重新填砂嵌缝,若边石断裂或破损需进行更换。

7.5.2.7 弹石路面养护后,路面应平整、紧密,边线整齐,弹石无松动现象。

7.5.3 块石路面

7.5.3.1 块石路面用水泥砂浆做填缝料的,应及时剔除后重新灌注。砌块周边应干净无浮尘,坐浆饱满、密实,待砂浆达到一定强度后再开放通车。用砂、砂砾、煤渣等松散料填缝时,应及时将飞散的填缝料扫回捣实或适当填补,使砌块间的缝隙经常充满填缝料,防止砌块松动。

7.5.3.2 个别块石发生错台、沉陷、隆起、破损时,应将块石取出,整理垫层,夯捣坚实,将重铺块石埋放于垫层上,高出原砌块1cm~3cm,撒填缝料,并加以压实,使新块石与旧路面平整。

7.5.3.3 发生较大面积的错台、沉陷、隆起时,应将块石挖出,并按尺寸分类、清洗,破损的应更换。污染的垫层应挖除更换,将块石埋放于垫层上,高出原路面1cm~3cm,撒填缝料,并加以压实,使新块石与旧路面平整。

7.5.3.4 块石路面修复后,路面接缝应填筑饱满密实,不污染路面,纵横缝顺直,符合丁字缝标准。

7.5.4 路缘石

7.5.4.1 路缘石修理材料应符合施工时配料和比例;修理时应挖除松动或破损的路缘石,重新安装混凝土预制块或现浇混凝土,并用水泥砂浆抹面,修正抹平。

7.5.4.2 路缘石刷白可一年两次或一年多次,采用白色石灰浆、白色防水涂料或道路标线材料;刷白线应边缘整齐,宽度与路缘石设计要求一致;刷层厚度应均匀,表面光洁,不皱皮,不露底,不污染路面和环境。

7.5.4.3 养护后路缘石应保持线条顺直、顶面平整、无缺失,具有良好的视线诱导与挡水效果。

8 桥涵

8.1 一般规定

8.1.1 养护内容及养护对策

桥涵日常养护内容包括桥面系、桥梁上部结构、桥梁下部结构、涵洞等内容,见表3。桥涵日常养护应针对各种病害类型及严重程度,综合考虑养护工艺适用性,选择适宜的养护处治措施。养护对策见附录B。

表3 桥涵日常养护作业内容

序号	作业对象		内容
1	桥面系		桥涵保洁;排水设施清理、修复;伸缩缝堵塞清理、损坏修复;小型构件损坏修复、锈蚀处治;桥面铺装病害处治;桥头跳车处治;小桥涵背跳车处治;灯柱歪斜及破损修复;标志、标线、安全设施清洁及修复清理,疏通泄水管孔
2	桥梁上部结构	钢筋混凝土、预应力混凝土梁桥	构件表面污垢清理;局部破损修复;梁体露筋处理;开裂处治
		钢桥	污垢清洁;局部锈蚀补漆、铆钉、螺栓更换;附属构件杆件维修更换
		拱桥	污垢清理、局部破损修复
		斜拉桥	日常养护、除湿除锈及局部轻微病害处理
		悬索桥	日常养护、除湿除锈及局部轻微病害处理
		支座	日常养护、除湿除垢

表 3 桥涵日常养护作业内容（续）

序号	作业对象		内容
3	桥梁下部结构	墩台基础	局部冲刷病害处治；铺砌损坏修复
		锥坡、翼墙	锥坡及侧翼局部损坏修复
		墩台	表面清洁；杂物堆积清理；灰缝脱落处治；风化损坏处理；镶面风化处理；砌块裂缝处理
		调治构造物	冲刷及淤积清理、局部破损修复
4	涵洞		淤泥、堆积杂物清理；涵底涵墙渗漏处治；风化、开裂处理；填缝料脱落修复；盖板损坏修复；小桥涵背跳车处治；涵管破损修复；迎送水设施冲蚀、破坏修复

8.1.2 养护要求

8.1.2.1 日常养护应保证桥涵外观整洁；桥面铺装坚实平整、横坡适度；桥头顺适；排水、伸缩缝、支座、护墙、栏杆、标线等设施齐全良好；结构无损坏；基础无冲刷、淘空。

8.1.2.2 应加强桥涵的日常巡查，发现隐患或病害应及时处治。

8.1.2.3 应根据桥涵不同结构病害特点，分析病害成因，采取针对性的日常养护方案；同时重视经济技术方案的比选，并充分利用原有工程材料和原有工程设施，以降低成本。

8.2 桥面系

8.2.1 桥面铺装

8.2.1.1 桥面应经常清扫，排除积水，清除泥土、杂物、冰凌和积雪，保持桥面平整、清洁。

8.2.1.2 沥青铺装桥面出现泛油、拥包、裂缝、波浪、坑槽、车辙等病害时，应及时处治。当损坏面积较小时，可局部修补；损坏面积较大时，可将整跨铺装层凿除，重铺新的铺装层。禁止在原桥面上直接加铺，以免增加桥梁恒载。

8.2.1.3 水泥混凝土桥面出现断缝、拱胀、错台、起皮、露骨等病害时，应及时处理。

8.2.2 排水系统

8.2.2.1 桥面的泄水管、排水槽如有堵塞，应及时疏通，并经常保持畅通。

8.2.2.2 桥面应保持大于1.5%的横坡，以利于桥面排水。

8.2.2.3 桥梁上设置的封闭式排水系统，应保持各排水管道通畅，排水系统的设备如水泵等应工作正常，若有堵塞应及时疏通，若有损坏则应及时更换。

8.2.3 人行道等

8.2.3.1 人行道块件应牢固、完整，桥面路缘石应保持完好状态。若出现松动、缺损，应及时进行修整或更换。钢筋混凝土栏杆开裂严重或混凝土剥落，应凿除损坏部分，修补完整。

8.2.3.2 栏杆、护栏应牢固可靠，若有损坏应及时修理或更换。钢护栏与钢筋混凝土护栏上的外露钢构件应定期涂漆防锈，一般每年一次。

8.2.3.3 桥梁两端的栏杆柱或护栏端面，涂有立面标记或警示标志的，应定期涂刷，使油漆颜色保持鲜明。

8.2.3.4 灯柱如有缺损和歪斜，应及时修理、扶正；灯具损坏，应及时更换，保证夜间照明。

8.2.4 伸缩装置

8.2.4.1 应经常清除伸缩装置的缝内积土、垃圾等杂物,及时更换损坏的密封橡胶带(止水带),使其发挥正常作用。

8.2.4.2 伸缩装置锚固区混凝土应完好,有开裂、松散时应及时修复。

8.2.4.3 伸缩装置出现老化、病害导致失效的,应及时进行更换,更换的伸缩装置宜选择技术先进、合理的伸缩装置,伸缩量应满足桥跨结构变形需要,安装应牢固、平整、不漏水。

8.2.4.4 维修或更换伸缩装置时,应实施交通管制,在锚固区混凝土强度未达到设计要求时,不得开放交通。

8.2.5 标志标线

8.2.5.1 桥上的交通标志、标线、防眩板、防护隔离设施等应齐全、醒目、牢固,若有损坏应及时整修。

8.2.5.2 桥上设置的航空灯、航道灯及供电路线、通信线路必须保持完好状态,如有损坏应立即修复。避雷设备要经常保持完好,接地电阻要符合要求,接地线附近不应堆放物品,不应挖取接地线的覆土。

8.3 上部结构

8.3.1 混凝土桥梁

8.3.1.1 钢筋混凝土梁桥日常养护应清除表面污垢;修补混凝土空洞、破损、剥落、表面风化以及裂缝;清除暴露钢筋的锈渍、恢复保护层;处理各种横、纵向构件的开裂、开焊和锈蚀。

8.3.1.2 预应力混凝土梁桥日常养护应对预应力锚固区的破损及开裂、沿预应力钢束纵向的开裂进行修补。

8.3.1.3 箱梁桥应保持箱内通风,未设通风孔的应补设。梁体的污垢宜用清水洗刷,不得使用有腐蚀性的化学清洗剂。

8.3.1.4 发现预应力钢束存在严重锈蚀、表面防护严重破损、锈蚀、断丝、夹片破损失效时,应及时处治。

8.3.2 拱桥

8.3.2.1 圬工拱桥日常养护应符合下列规定:
a) 圬工结构应保持表面整洁、完整,无杂草。
b) 圬工结构出现空洞、孔洞或砌块断裂、压碎、松动、脱落等病害时,应及时维修或加固。
c) 砌筑砂浆脱落、不饱满导致主拱圈整体性差时,应及时修复。

8.3.2.2 混凝土拱桥日常养护应符合下列规定:
a) 拱圈应保持结构完好、无缺损,存在表观缺陷时,应予维修。
b) 箱形拱拱圈应保持通气孔、排(进)水孔畅通。
c) 肋拱、双曲拱、桁架拱、刚架拱的肋间横向联系出现开裂、破损病害时,应及时修复。
d) 桁架拱、刚架拱、系杆拱因节点强度不足引起节点及杆件端部开裂时,应及时加固。
e) 中、下承式拱桥吊杆(索)的养护应按本规范8.3.5中吊索相关内容执行。

8.3.2.3 拱上建筑日常养护应符合下列规定:
a) 拱式腹拱的拱铰及变形缝应保持工作正常,有杂物时应予以清除。
b) 腹拱、侧墙出现开裂、破损、错位、倾斜或外移等病害时,应及时修复。
c) 拱上填料应密实、无沉陷,有沉陷时应及时处治;拱背防排水系统应保持畅通。
d) 梁式拱上结构的养护维修,应按本规范8.3.1中相关内容执行;立柱、立墙的养护与维修,应按本规范 8.4 中相关内容执行。

8.3.3 钢桥

8.3.3.1 清除钢结构的表面污垢,保持杆件清洁,特别应注意节点、转角、钢板搭接处等易积聚污垢的部位,清除的污垢不能扫入泄水孔或排水槽中,以免堵塞。

8.3.3.2 钢结构应定期进行涂装防锈,油漆失效区域应及时除锈补漆,钢结构杆件在维修后,应及时涂漆防锈。

8.3.4 斜拉桥

8.3.4.1 斜拉桥梁体和索塔部分的养护,视其结构类型可按钢筋混凝土桥、预应力混凝土桥及钢桥的相关规定进行。

8.3.4.2 斜拉索及减振装置日常养护应符合下列规定:
  a) 应保持索体表面清洁,及时清除附着物。
  b) 拉索锚具及护筒内应保持清洁、干燥;锚头漏水、渗水时,应及时将水排出并予以修复。
  c) 定期更换拉索两端锚具锚杯内的防护油。
  d) 定期更换钢护筒与套管连接处的防水垫圈及阻尼垫圈。
  e) 阻尼装置各部位应完整、清洁,及时清除油污、杂物等,保持其正常工作状态。

8.3.4.3 索塔日常养护应符合下列规定:
  a) 保持索塔表面清洁,及时清除表面杂物。
  b) 空心索塔内应保持通风干燥。
  c) 索塔的排水系统应处于正常工作状态,应保持索塔顶面、内部、横梁等位置无积水。

8.3.5 悬索桥

8.3.5.1 悬索桥梁体和索塔部分的养护,视其结构类型可按钢筋混凝土桥、预应力混凝土桥及钢桥的相关规定进行。

8.3.5.2 主缆日常养护应符合下列规定:
  a) 保持主缆清洁,及时清除其表面的积冰、尘土和油污。
  b) 主缆防护层有开裂、剥落时,应尽快修复。
  c) 主缆内部应保持干燥状态,存在积水、渗水时应及时将水排出,通过特殊检查后及时采取处治措施,必要时应检查主缆钢丝是否锈蚀,并及时处治。

8.3.5.3 吊索日常养护应符合下列规定:
  a) 应保持保护层、止水密封圈、防雨罩等处于完好状态。
  b) 经常清除十字撑(减振架)与吊索连接部位的尘垢、积水,保持防锈涂层完好。
  c) 索夹及其螺杆的涂装有开裂、剥落,或索夹上缝隙间及索夹端部的填缝料有开裂、剥落时,应及时修复。

8.3.5.4 索鞍及锚碇日常养护应符合下列规定:
  a) 应及时清除主索鞍、散索鞍表面的尘土、杂物、积水(雪)。发现锈蚀应及时除锈并重新涂刷防锈漆。索鞍的辊轴或滑板应保持正常工作状态。
  b) 应保持锚碇内外清洁,及时清除锚碇表面的青苔、杂草、灌木和污物。锚室内的温度、湿度应符合设计要求;应保持锚室内通风、照明、除湿系统运转正常,出现异常应及时检查维修。
  c) 应保持锚碇的防排水系统正常工作,锚室内有渗水、积水时,应查明原因,及时排出积水,并对锚碇的防排水系统进行维修或改造。
  d) 锚碇混凝土出现剥落、蜂窝、麻面、裂缝、露筋等病害时,应及时维修处治。

8.3.5.5 主塔日常养护应符合下列规定：
a) 应保持主塔表面清洁,及时清除表面杂物。
b) 塔顶变位异常时,应进行特殊检查评估并及时处治。
c) 主塔的其他养护与维修内容应按本规范8.4中相关内容执行。

8.3.6 支座

8.3.6.1 支座各部位应保持完整、清洁,每半年至少清扫一次,清除支座周围的油污、垃圾,防止积水、积雪,保证支座正常工作。

8.3.6.2 板式橡胶支座应防止橡胶支座接触油污引起老化、变质,防止尘埃落入或雨、雪渗入支座内。

8.3.6.3 盆式橡胶支座应防止尘埃落入或雨、雪渗入支座内。

8.3.6.4 球形钢支座须进行除锈防腐。除铰轴和滚动面外,其余部分均应涂刷防锈油漆；及时拧紧钢支座各部接合螺栓,使支承垫板平整、牢固。

8.3.6.5 滚动支座的滚动面应定期涂润滑油(一般每年一次)。在涂油之前,应把滚动面揩擦干净。

8.3.6.6 滑板支座的防尘罩应维护完好,防止尘埃落入或雨、雪渗入支座内。

8.3.7 附属设施

8.3.7.1 桥梁避雷装置应保持完好；避雷针接地线附近严禁堆放物品和修建设施；严禁挖掘地线的覆土,并应采取防冲刷措施。

8.3.7.2 防抛网应清洁、完整、有效,有缺损应及时维修；应经常检查桥梁防抛网的锚固部位,及时修复锚固区缺陷；对存在安全隐患的防抛网应及时更换。

8.3.7.3 声屏障应保持整洁完好、安装牢固,并不得影响桥梁结构安全。

8.3.7.4 应经常检查声屏障的锚固位置,及时修复锚固区缺陷。

8.4 下部结构

8.4.1 墩台基础应采取措施保持桥梁墩台基础附近河床的稳定。

8.4.2 若基础冲刷过深或基底局部掏空,应及时抛填块石、片石、铅丝石笼等进行维护。

8.4.3 桥下河床铺砌出现局部损坏时应及时维修。若砌块损坏,可补砌或采用混凝土修补。

8.4.4 对设置的防撞、导航、警示等附属设施应经常检查、维护,保持良好状态。

8.4.5 墩台身保持墩台表面整洁,及时清除墩台表面的青苔、杂草、灌木和污秽。

8.4.6 对发生灰缝脱落的圬工砌体,应清除缝内杂物,重新用水泥砂浆勾缝。

8.4.7 墩、台身圬工砌体表面风化剥落或损坏时,损坏深度在3cm以内的,可用水泥砂浆抹面修补。

8.4.8 圬工砌体镶面部分严重风化和损坏时,应用石料或混凝土预制块补砌更换,新老部分要结合牢固,色泽质地应与原砌体基本一致。

8.4.9 墩、台表面发生侵蚀剥落、蜂窝麻面、裂缝、露筋等病害时,应采用水泥砂浆修补。因受行车震动影响,不易用水泥砂浆补牢的,应考虑采用环氧树脂或其他聚合物混凝土进行修补。

8.4.10 锥坡开裂、沉陷,受洪水冲空时应及时采取措施进行维修加固。

8.4.11 翼(耳)墙出现下沉、断裂或其他损坏时应及时维修加固。

8.4.12 导流堤、梨形堤、丁坝或顺坝的边坡受到洪水冲刷和波浪冲击,坡脚发生局部破坏时,应及时抛填块石和石笼等进行防护。

8.4.13 河滩、河岸的路堤边坡外侧可种植生长迅速、根系发达、枝叶茂密的乔木或耐水的灌木作为防护,其布置以乔、灌间种的多行带状或梅花式为宜。

8.5 涵洞

8.5.1 应保持洞口清洁无杂物,洞内排水畅通,发现淤塞或积雪、积冰应及时疏通和清除。

8.5.2 涵底铺砌、洞口上下游路基护坡、引水沟、汇水槽、沉沙井等发生变形或出现破损时,应及时修理或封塞填平。

8.5.3 对进水口设置沉沙井和出水口为跌水构造的涵洞,应适时检查其是否损坏、与洞口是否结合成整体;有损坏或发现裂隙甚至脱离时,应及时修复,使水流畅通。

8.5.4 沉降缝或连续缝止水带应保持完好,有破损时应及时更换。

8.5.5 洞内排水明沟每周应清扫一次,排水暗沟每季度应疏通一次。

8.5.6 采用机械排水的涵洞,应保持排水泵、阀、排水管道及其他设备功能完好、运转正常,并作定期检修。

8.5.7 设有照明设施的涵洞应保持照明设备处于完好状态,照明灯具和输电线路有损坏时应及时更换、维修。

8.5.8 通行车辆的涵洞应设置明显的限高标志并保持完好。涵洞端面应涂设立面标记,并保持颜色鲜明,定期涂刷。

8.5.9 波纹管防护涂层剥落、波纹管锈蚀,应及时维修。

9 隧道

9.1 一般规定

9.1.1 养护内容

隧道日常养护包括土建结构、机电设施、其他工程设施等内容,见表4;隧道日常养护应针对各种病害类型及严重程度,综合考虑养护工艺适用性,选择适宜的养护处治措施。

表4 隧道日常养护作业内容

序号	作业对象	内容
1	土建结构	日常巡查; 清洁(路面清洁、顶板、内装饰、侧墙和洞门清洁、排水设施清洁、标志、标线和轮廓标清洁); 结构检查(洞口、洞门、衬砌、路面、检修道、排水设施、吊顶及预埋件、内装饰、标志、标线、轮廓标); 保养维修(洞口边仰坡危石清除,结构损坏修复,洞内路面病害修复,吊顶和内装饰修复,标志标线损坏修复,构件锈蚀处理,构件破损处理、缺失更换)
2	机电设施	日常巡查; 清洁维护; 机电检修(供配电、照明、通风、消防、监控与通信)
3	其他工程设施	日常巡查; 清洁维护(电缆沟与设备洞室、洞口联络道、洞口限高门架与洞口环保景观、附属房屋); 检查评定(电缆沟、设备洞室、洞外联络线、洞口限高门架、洞口绿化、消音设施、减光设施、污水处理设施、洞口雕塑、隧道铭牌、房屋设施); 保养维修(电缆沟、设备洞室、洞外联络线、洞口限高门架、减光设施、污水处理设施、洞口雕塑、隧道铭牌、房屋设施)

9.1.2 养护要求

9.1.2.1 根据公路等级、隧道长度和交通量大小,公路隧道养护分为三个等级,按照等级实施养护,分级标准应符合表5和表6的规定。

表5 一级公路隧道养护等级分级表

单车道年平均日交通量[pcu/(d·ln)]	隧道长度(m)			
	L>3 000	3 000≥L>1 000	1 000≥L>500	L≤500
≥10 001	一级	一级	一级	二级
5 001～10 000	一级	一级	二级	二级
≤5 000	一级	二级	二级	二级

表6 二级及以下公路隧道养护等级分级表

年平均日交通量[pcu/d]	隧道长度(m)			
	L>3 000	3 000≥L>1 000	1 000≥L>500	L≤500
≥10 001	一级	二级	二级	三级
5 001～10 000	二级	二级	三级	三级
≤5 000	二级	三级	三级	三级

9.1.2.2 隧道内养护作业不中断交通时,应采取措施,保障安全并减少对交通的干扰。
9.1.2.3 应积极而慎重地采用新技术、新材料、新设备和新工艺,使养护维修达到安全实用、质量可靠、经济合理、技术先进的要求。

9.2 土建结构

9.2.1 土建结构清洁

9.2.1.1 隧道清洁应综合考虑隧道等级、交通组成、结构物脏污程度、清洁方式及效率和环境条件等因素确定清洁方案和频率。按照养护等级,隧道清洁维护频率应符合表7和表8的规定。

表7 一级公路隧道清洁频率

清洁项目	养护等级		
	一级	二级	三级
路面	1次/天	2次/周	1次/旬
内装饰、检修道、横通道、标志、标线、轮廓标	1次/月	1次/2月	1次/季度
排水设施	1次/季度	1次/半年	1次/半年
顶板	1次/半年	1次/年	1次/2年
斜井	1次/半年	1次/年	1次/2年
侧墙、洞门	1次/2月	1次/季度	1次/半年

表 8 二级及二级以下公路隧道清洁频率

清洁项目	养护等级		
	一级	二级	三级
路面	1次/周	1次/半月	1次/月
内装饰、侧墙、洞门、检修道、横通道、标志、标线、轮廓标	1次/季度	1次/半年	1次/年
排水设施	1次/半年	1次/年	1次/年
顶板	1次/年	1次/2年	1次/3年
斜井	1次/年	1次/2年	1次/3年

9.2.1.2 隧道内路面清洁应符合下列规定：
a) 应保持干净、整洁，两侧边沟不应有残留垃圾等物品。
b) 宜以机械清扫为主，清扫时应防止产生扬尘。
c) 路面被油类物质或其他化学品污染时，应采取措施清除。

9.2.1.3 隧道的顶板、内装饰、侧墙和洞门清洁应符合下列规定：
a) 应保持干净、整洁，无污垢、污染、油污和痕迹。
b) 顶板、内装饰和侧墙的清洁宜以机械作业为主，以人工作业为辅。
c) 采用湿法清洁时，应防止路面积水和结冰，并应注意保护隧道内机电设施的安全，防止水渗入设施内；清洗用的清洁剂，可根据实际效果选择确定，宜选用中性清洁剂。清洁剂应冲洗干净。
d) 采用干法清洁时，应避免损伤顶板、内装饰和侧墙，以及隧道内机电设施；清洁时应采取必要的降尘措施。对不能去除的污垢，可用清洁剂进行局部特别处理。
e) 隧道内没有顶板和内装饰时，应根据需要对洞壁混凝土进行清洁。
f) 洞门的清洁应按照侧墙要求执行。

9.2.1.4 隧道排水设施清理和疏通应符合下列规定：
a) 应保持无淤积、排水通畅。
b) 在汛前、汛中和汛后以及极端降水天气后，应对排水设施进行检查和清理疏通；在冰冻季节，应增加排水沟的清理频率。
c) 对于纵坡较小的隧道或隧道的洞口区段，应增加清理和疏通的频率；对于窨井和沉沙池，应将其底部沉积物清除干净。

9.2.1.5 隧道的标志、标线和轮廓标清洁应符合下列规定：
a) 应保持完整、清晰、醒目。
b) 当标志、标线和轮廓标表面有污秽，影响其辨认性能时，应及时进行清洗。清洗标志、标线和轮廓标时，应避免损伤其表面覆膜或涂层等。

9.2.1.6 隧道横通道应定期清除杂物和积水，斜井、检修道及风道等辅助通道应定期清除可能损伤通风设施或影响通风效果的异物。

9.2.2 土建结构检查

9.2.2.1 隧道日常养护中的土建结构检查主要指经常检查，经常检查应对土建结构的外观状况进行一般性定性检查。

9.2.2.2 按照公路隧道养护等级，土建结构经常检查频率应不低于表 9 规定的频率，且在雨季、冰冻季节或极端天气情况下，或发现严重异常情况时，应提高经常检查频率。

表 9 公路隧道结构经常检查频率表

检查分类	养护等级		
	一级	二级	三级
经常检查	1次/月	1次/2月	1次/季度

9.2.2.3 应通过经常检查,及时发现早期缺损、显著病害或其他异常情况,确定对策措施,并应符合下列规定:

a) 经常检查宜采用人工与信息化手段相结合的方式,配以简单的检查工具进行,记录检查项目的缺损类型,估计缺损范围和程度以及养护工作量,对异常情况做出缺损状况判定分类,并提出相应的养护措施。
b) 经常检查以定性判断为主,检查内容和判定标准应符合 JTG H12 的相关规定。
c) 经常检查破损状况判定分三种情况:情况正常、一般异常、严重异常。当经常检查中发现隧道存在一般异常情况时,应进行监视、观测或做进一步检查;当经常检查中发现隧道存在严重异常情况时,应采取措施进行处治;当对其产生原因及详细情况不明时,尚应做定期检查或专项检查。

9.2.3 土建结构日常保养维修

9.2.3.1 应对土建结构经常检查发现的一般性异常的状况进行保养维修,保养维修应符合 JTG H12 相关规定。

9.2.3.2 洞口边仰坡上的危石、浮土以及塌方形成的局部堆积应及时用小型挖掘机挖除。

9.2.3.3 对无衬砌隧道出现的碎裂、松动岩石和危石,应按照"少清除,多稳固"的原则进行处理;对围岩的渗漏水,冬季应开设泄水孔接引水管,将水导入边沟排出;应对有衬砌隧道出现的衬砌起层、剥离及时清除;应及时修补衬砌裂缝,并设立观测标记进行跟踪观测;对衬砌的渗漏水应接引水管,将水导入边沟;冬季应及时清除洞顶挂冰等。

9.2.3.4 应及时清除隧道内外路面上的塌(散)落物和堆积物。应及时修复、更换损坏的窨井盖或其他设施盖板。当路面出现渗漏水时,应及时处理,将水引入边沟排出,防止路面积水或结冰。

9.2.3.5 隧道内外排水设施破损或缺失应及时修复;排水管堵塞时,可用高压水或压缩空气疏通。及时清理排水边沟、中心排水沟、沉沙池等排水设施中的堆积物。寒冷地区应及时清除排水沟内结冰堵塞。排水的金属管道应定期做好防腐处理。

9.2.3.6 人行道或检修道道板有破损、翘曲或缺失时,应及时进行修复和补充;应定期保养人行道或检修道护栏,护栏应保持完好、清洁、坚固、无锈蚀,立柱正直无摇动现象,横杆连接牢固。

9.2.3.7 寒冷地区隧道保养维护应符合下列规定:
a) 做好寒冷地区隧道的防冻保温设施保养维护,当有损坏时,应及时维修,保证其正常使用功能。
b) 洞口设有防雪设施的隧道,应做好防雪设施的保养维护,并在大雪降临前完成设施的维修加固;冬季应及时清除洞口处积雪。

9.2.3.8 隧道的交通标志保养维护应符合下列规定:
a) 应及时修补变形、破损的标牌,修复弯曲、倾斜的支柱,紧固松动的连接构件。
b) 对锈蚀损坏、老化失效的标志,应及时更换,缺失的应及时补充。
c) 对损坏的限高及限速设施应及时维修。

9.2.3.9 隧道交通标线保养维护应符合下列规定:
a) 对破损严重和脱落的标线应及时补划。
b) 应及时紧固松动的路标,发现损坏或丢失的,应及时修复或补换。

9.2.3.10 隧道轮廓标应保持完整、清洁和醒目,当有损坏时,应及时修复或更换。

9.3 机电设施

9.3.1 机电设施清洁维护

9.3.1.1 机电设施应根据养护等级、交通组成、污垢对机电设施功能影响程度、清洁方式和环境条件等因素进行清洁维护。清洁维护频率宜不低于表10的规定。

表 10 机电设施清洁维护频率

清洁项目	养护等级		
	一级	二级	三级
供配电设施	1次/月	1次/季度	1次/半年
照明设施	1次/季度	1次/半年	1次/年
通风设施	1次/2年	1次/3年	1次/4年
消防设施	1次/季度	1次/半年	1次/年
监控与通信设施	1次/季度	1次/半年	1次/年

9.3.1.2 机电设施采用湿法清洁时,应注意保护人员安全和机电设施内部电气元件安全,并应防止液体渗入设施内;采用干法清洁时,应采取必要的降尘措施,对清扫不能去除的污垢,经判别可用湿法清洁时,可用清洁剂进行局部特别处理。

9.3.1.3 机电设施清洁维护应保持设备外观干净、整洁、无污垢,并保证机电设施完好。

9.3.1.4 机电设施清洁应包括表11规定的设备。

表 11 机电设施清洁设备

设施名称	设备名称
供配电设施	配变电所内电力设备、箱式变电站、外场配电箱、插座箱、控制箱
照明设施	隧道灯具、洞外路灯
通风设施	轴流风机、射流风机
消防设施	消火栓及水泵接合器、灭火器、火灾报警设施、水喷雾控制阀及喷头、气体灭火设施、电光标志等
监控与通信设施	各类检测仪、闭路电视、有线广播、紧急电话、横通道门、交通控制和诱导设施、控制器(箱)、光端机、交换机等

9.3.1.5 机电设施经常性检修主要项目及其检修频率按照JTG H12的要求执行。

9.4 其他工程

9.4.1 其他工程清洁维护

9.4.1.1 其他工程设施的清洁维护频率不应低于表12的规定值。

表 12 其他工程设施清洁养护频率

分项设施	清洁维护频率
电缆沟、设备洞室	1次/季度
洞外联络通道	1次/月
洞口限高门架	1次/1年
洞口绿化	1次/1年
消音设施	1次/季度
减光设施	1次/1年
污水处理设施	1次/1年
洞口雕塑、隧道铭牌	1次/3年
房屋设施	楼地面、墙台面1次/周,吊顶、门窗1次/月,地基基础、屋面1次/年。风机房、变电所、监控房按机电设施的相关规定确定清洁维护频率

9.4.1.2 应定期清除电缆沟、设备洞室内的杂物积尘,清理排水设施,保持电缆沟内整洁、设备洞室内无积水。

9.4.1.3 应定期清扫洞外联络通道内路面、清除隔离设施脏污、清理排水设施,确保紧急情况下车辆、人员正常通行。

9.4.1.4 应定期清除洞口限高门架脏污,保持限高标志清晰醒目,清除、修复门架撞击痕迹,矫正门架变形,保证满足限高要求。

9.4.1.5 洞口雕塑、隧道铭牌宜定期清洗,保持整洁、美观。

9.4.1.6 应定期清洗消声设施污秽,修复或更换损坏部位、部件。

9.4.1.7 应定期扫除遮光棚顶垃圾、清除脏污,保证减光设施正常减光效果及外观的干净、整洁。

9.4.1.8 应定期清除污水处理池和净化池沉积的泥沙、杂物,污水处理池和净化池容积不应受挤占。

9.4.1.9 应定期进行附属房屋设施清洁维护,保持房屋及周围环境的整洁、美观,周围场地应排水畅通。

9.4.2 其他工程检查

9.4.2.1 国省道隧道其他工程设施的检查主要指经常检查,设备洞室渗漏水、房屋地基变形、基础沉降等异常情况可根据需要进行应急检查或专项检查。

9.4.2.2 附属房屋的防雷接地装置应在每年雷雨季节前后进行检查。

9.4.2.3 其他工程设施检查的主要内容应符合表13的规定。

表 13 其他工程设施检查的主要内容

分项设施	经常检查内容
电缆沟	是否完好、有无涌水
设备洞室	是否完好,有无渗漏水,标志是否齐全
洞外联络通道	隔离设施是否完好,标志是否齐全,路面有无落物
洞口限高门架	门架有无变形,结构是否完好,标志是否齐全
洞口绿化	树木是否妨碍行车,有无树木枯死
消音设施	是否完好

表 13 其他工程设施检查的主要内容(续)

分项设施	经常检查内容
减光设施	结构是否完好
污水处理设施	是否漏水,有无淤积
洞口雕塑、隧道铭牌	是否存在损毁
房屋设施	承重构件有无变形,非承重墙体有渗漏,屋面有无渗漏,楼地面、门窗是否完好

9.4.3 其他工程保养维修

9.4.3.1 电缆沟、设备洞室应进行保养,对破损的沟壁、洞室壁应维修恢复,设备洞室的渗漏水应查明原因并进行处治,保持电缆沟、设备洞室的完好和正常使用。电缆沟、设备洞室的结构破损及渗漏水的保养维修可与土建结构的保养维修或病害整治同时进行。

9.4.3.2 洞口限高门架与减光设施的结构应进行保养,门架结构破损或变形应进行维修恢复,保证门架满足限高功能要求;减光设施的结构破损、遮光顶棚缺失应进行维修恢复,保持减光效果正常。

9.4.3.3 对损坏的洞门雕塑、隧道铭牌应进行维修或拆换;污水处理池和净化池的渗漏应查明原因并处治,保持池壁、池底无渗漏。

9.4.3.4 附属房屋设施的保养维修应按 JTG H12 相关条文执行。

10 交通工程及沿线设施

10.1 一般规定

10.1.1 养护内容

交通工程及沿线设施日常养护包括安全设施、交通标志、交通标线、沿线设施等内容,见表14。

表 14 交通工程及沿线设施日常养护作业内容

序号	作业对象	内容
1	安全设施	防眩板、轮廓标维护,波形梁钢护栏维护,钢筋混凝土护栏维护,缆索式护栏维护,隔离栅维护,里程碑、百米桩、界碑、示警桩维护,避险车道,视线诱导设施,减速设施,转弯广角镜维护与更换
2	交通标志	标志牌保洁,标志牌维护,标志牌视线恢复
3	交通标线	标线清洁,标线恢复,突起路标修复
4	沿线设施	对沿线停车区、服务区、加水站的服务设施和绿化植物进行维护和清洁

10.1.2 养护要求

10.1.2.1 交通安全设施应定期保养,及时修理和更换损坏部分。设施不全或没有设施,应根据公路性质、技术等级和使用要求,有计划、有步骤地增设。

10.1.2.2 各种标志歪倒的要及时扶正,损坏的应及时更换;护栏、隔离栅、分隔带损坏的应及时修复;里程碑、百米桩损坏或缺损的应及时修复或补齐;标线磨耗或覆盖的应及时补划。

10.1.2.3 对交通安全设施的养护,重新更换的,其技术要求不低于原设计标准。

10.1.2.4 沿线服务设施应保持完整、齐全和良好的工作状态,沿线设施日常维护应满足表15的要求。

表 15 沿线设施日常维护要求

序号	作业对象	要求
1	停车区及服务区	建筑物、构造物和围墙应完整、无破损，内墙面整洁卫生，路缘石铺设整齐、完好；管道、管线、边沟设施完好，功能正常；地面、地砖应完好美观，干净整洁；各类设施设备应干净整洁。 卫生设施提示标牌齐全、醒目；保持卫生、清洁，设施完好；定期冲洗，保证不间断供水，达到无味、无蝇、无杂物；地面应保持洁净、干燥、无异味
2	加水站	应保证不间断供水，环境保持洁净，设施完好

10.2 安全设施

10.2.1 防眩板、轮廓标维护

10.2.1.1 轮廓标、防眩板应在天晴或雨后有计划地定期组织养护工人用抹布清（擦）洗。

10.2.1.2 轮廓标变形或反光膜脱落、损坏时应及时进行整形或更换。

10.2.2 波形梁钢护栏保洁及维修

10.2.2.1 经常清除护栏周围的杂草、杂物等；有计划地定期清（擦）洗；如遇雨天，宜在雨后天晴及时组织清洗；有条件的可用自动清洗机械设备清洗；对于无法清洗除掉的污染位置可用喷漆的方法处治。

10.2.2.2 对损坏、变形的立柱应更换维修。

10.2.2.3 对损坏的端头或护栏板，能再利用的拆除后校正，然后重新安装；不能再利用的，拆除后更换，并在新端头贴上反光膜。

10.2.2.4 护栏更换维修采用拉直线方法控制栏板线形顺直，护栏附属配件安装齐全、螺丝无松动。

10.2.3 混凝土护栏维护

10.2.3.1 应及时清除混凝土护栏表面污物，及时清洁混凝土护栏上的线形诱导污染物，对脱落、丢失、破损部分及时予以更换。

10.2.3.2 对混凝土护栏表面非结构性损坏，应先清理损坏部分，立模后，在破损面涂上环氧树脂，及时用同等强度等级的水泥混凝土修补，脱模后可用速干油漆涂刷表面2~3遍。

10.2.3.3 混凝土护栏表面刷漆且无附着诱导标志，根据原护栏表面油漆的质量，每1~2年应重新刷涂料至少两遍。涂刷前，应清除表面上原有涂料，凿除松动部分，修复缺损部分。涂刷后，应光滑、无凹凸现象，色泽一致。

10.2.4 缆索护栏维护

缆索护栏应定期清洗加油，查看钢丝磨损程度、断丝情况、腐蚀程度及滑轮槽、吊环、吊钩等易损部件的磨损情况，及时更换。

10.2.5 里程碑、百米桩、界碑、示警桩

10.2.5.1 定期清洁并及时扶正里程碑、百米桩、界碑、警示桩等，修复或更换变形损坏部分。

10.2.5.2 及时按原样补栽百米桩、里程碑、界碑、示警桩。示警桩上的反光膜，要保证其颜色鲜艳、醒目、反光效果良好。

10.2.5.3 及时对里程碑、百米桩、界碑、示警桩按原样重新油漆。

10.2.5.4 新安装或者修复的百米桩、界碑,数字不宜设置面向中心,宜设置在上、下行线的两面,以便于过往车辆及巡查观察。

10.2.6 避险车道

10.2.6.1 避险车道制动床集料应定期翻松,以免板结。在失控车辆被拖出制动床后,应尽快清除污染物,翻松铺平整型制动床集料。

10.2.6.2 注意排水设施的检查,如有堵塞、损坏等情况要及时恢复,避免流水携带泥沙板结密实制动床集料。

10.2.6.3 避险车道预告标志板如有污垢或缺损的应及时修复,保证标志板清晰、完好。

10.2.7 视线诱导设施

定期清洁视线诱导设施,及时清扫周围杂物及遮挡物,及时修复或更换松动、损坏部件。

10.2.8 减速设施

及时清除杂物,保证减速设施提醒标线清晰可见,对无减速功能的减速设施进行恢复或更换。

10.2.9 转弯广角镜

及时清洗转弯广角镜镜面污染,调整正确角度,保证广角镜视线;破损的广角镜应及时更换;更换新镜面应调整正确角度,保证广角镜视线。

10.3 交通标志

10.3.1 及时清除标志牌及支柱上的污垢,对反光性能差、反光材料褪色、剥落、变形、损坏的交通标志牌及支柱,应及时予以修复、更换,如出现锈蚀,可涂刷立柱油漆,更换面板反光膜。

10.3.2 若标志牌基础或底座松动及回填土有流失情况,应及时加固并回填土方。

10.3.3 对松动、脱落、丢失、锈蚀的连接件及时予以更换,及时复位角度不正确的标志牌牌面。

10.3.4 对影响标志牌视线的行道树、杂草要及时清除。

10.3.5 清理公路标志前后 500m 范围内的非公路标志,超车视距内路肩上种植的高大乔木应更换为灌木、花草等,对其他遮挡视线的树木应及时进行修剪。标志应采用反光材料,保证标志的夜间可视性。

10.4 交通标线

10.4.1 标线清洁

标线受到污染的,应在路面清洁时进行清扫、冲洗,保证其易于辨认。

10.4.2 标线修复

10.4.2.1 路面标线磨损较严重或脱落,影响辨认性能时,应重新喷刷或修复。施工前应铣掉原有的残线,以保持标线色度、高度一致,对旧沥青和水泥混凝土路面要先涂刷底漆以加强黏结力,底漆干后即可涂布热熔标线,标线未干时撒上反光玻璃珠,并注意避免与原标线错位。

10.4.2.2 标线、轮廓标等应采用反光材料,保证其夜间可视性。

10.4.2.3 所有标线材料宜采用热熔型反光涂料,热熔型涂料的厚度为 1.5mm(边缘线)、1.8mm(车道分界线),震动标线厚度为 6mm±0.2mm,突起厚度为 4mm;涂料中应混合占总重量 18%～25%的玻璃微珠,在喷涂时,普通热熔标线表面应均匀撒布 0.3kg/m² 的玻璃微珠,减速震动标线表面应均匀撒布 0.5kg/m² 的玻璃微珠。

10.4.3 突起路标修复

突起路标缺失或失效时,应及时进行补设、更换,其性能要求应满足 GB/T 24725 的要求。

11 绿化工程

11.1 一般规定

11.1.1 养护内容

环境保护与绿化工程日常养护包括绿化养护与绿化栽植,见表16。

表 16 环境保护与绿化工程日常养护作业内容

序号	作业对象	内容
1	绿化养护	浇水排水、施肥、修剪、支撑、扶正、行道树刷白
2	绿化栽植	行道树、花草补植

11.1.2 养护要求

11.1.2.1 绿化景观明显,群落特性突出,环境整洁,达到点成景、片成林、面成型。
11.1.2.2 植株健壮,长势良好。补植到位,无缺株,无死树。
11.1.2.3 环境清整、保墒及时,无树挂,无垃圾,根部无堆积,修剪合理,外形美观。
11.1.2.4 病虫害防治及时,常年控制在不影响美观的危害程度之内。
11.1.2.5 浇水得当,无枯黄及生长不良现象。
11.1.2.6 草地整洁、平整(自然)美观、生长良好、色泽正,覆盖度不少于95%;雨后无积水、经常性修剪、高度控制在 15cm 以下、无明显杂物。

11.2 浇水排水

11.2.1 浇水应根据不同植物生物学特性、树龄、季节、土壤干湿程度确定。做到适时、适量、不遗漏。每次浇水要浇足浇透。
11.2.2 夏季高温季节应在早晨和傍晚进行,冬季宜午后进行;雨季应注意排涝,及时排出积水。

11.3 施肥

11.3.1 定期对树木、花卉、草坪等进行施肥。施肥应根据植物种类、树龄、立地条件、生长情况及肥料种类等具体情况而定。
11.3.2 施肥对象为定植五年以内的乔、灌木;生长不良的树木;木本花卉;草坪及草花。
11.3.3 施肥分基肥、追肥两类。基肥一般采用有机肥,在植物休眠期内进行,追肥一般采用化肥或复合肥在植物生长期内进行。基肥应充分腐熟后按一定比例与细土混合后施用,化肥应溶解后再施用。干施化肥一定要注意均匀,用量宜少不宜多,施后必须及时充分浇水,以免伤根伤叶。
11.3.4 乔、灌木施肥应挖掘施肥沟、穴,以不伤或少伤树根为准,深度不浅于 30cm。

11.4 修剪

11.4.1 修剪应以树种习性、设计意图、养护季节、景观效果为原则,达到均衡树势、调节生长、姿态优美、花繁叶茂的目的。
11.4.2 常规修剪应以保持自然树型为基本要求,按照"多疏少截"的原则及时剥芽、去蘖,合理短截并疏剪内膛枝、重叠枝、交叉枝、下垂枝、腐枯枝、病虫枝、徒长枝、衰弱枝和损伤枝,保持内膛通风透光,树冠丰满。造型修剪以剪、锯、捆、扎等手段,将树冠整修成特定的形状,达到外形轮廓清晰、树冠表面平整、圆滑、不露空缺,不露枝干,不露捆扎物。

11.4.3 应对遮挡沿线交通标志、标牌的植物及时修剪。

11.4.4 乔木修剪宜常规修枝,对主、侧枝尚未定型的树木可采取短截技术逐年形成三级分枝骨架。庭荫树的分枝点应随着树木生长逐步提高,树冠与树干高度的比例应在12:3至6:4之间。行道树在同一路段的分枝点高低、树高、冠幅大小应基本一致,上方有架空电力线时,应按电力部门的相关规定及时剪除影响安全的枝条。

11.4.5 灌木修剪宜保持其自然姿态,疏剪过密枝条,保持内膛通风透光。对丛生灌木的衰老主枝,应本着"留新去老"的原则培养徒长枝或分期短截老枝进行更新。观花灌木和观花小乔木的修剪应掌握花芽发育规律,对当年新梢上开花的花木应于早春萌发前修剪,短截上年的已花枝条,促使新枝萌发。对当年形成花芽,次年早春开花的花木,应在开花后适度修剪,对着花率低的老枝要进行逐年更新。在多年生枝上开花的花木,应保持培养老枝,剪去过密新枝。

11.4.6 草坪的修剪高度应保持在6cm～8cm,当草高超过15cm时应进行修剪。

11.4.7 落叶乔、灌木在冬季休眠期进行,常绿乔、灌木在生长期进行。绿篱、造型灌木、色块灌木、草坪等按养护要求及时进行。

11.4.8 修剪的剪口或锯口平整光滑,不得劈裂,不留短桩。

11.4.9 行道树修枝高度为1.5m,每年5月、10月宜进行一次绿化植被的整形修枝。

11.5 支撑、扶正

11.5.1 倾斜度超过10°的树木,须进行扶正,落叶树在休眠期进行,常绿树在萌芽前进行。扶正前应先疏剪部分枝丫或进行短截,确保扶正树木的成活。

11.5.2 新栽大树和扶正后的树木应进行支撑。支撑材料在同一路段或区域内应当统一,支撑方式要规范、整齐。支撑着力点应超过树高的1/2以上,支撑材料在着力点与树干接触处应铺垫软质材料,以免损伤树皮。每年雨季前要对支撑进行一次全面检查,对松动的支撑要及时加固,对嵌入树皮的捆扎物要及时解除。

11.6 行道树刷白

行道树每年年底进行一次石灰刷白,刷白高度为路面高程起1.2m。整体刷白顶面一条线与公路路面纵坡相对应一致。

11.7 绿化栽植

11.7.1 为保持绿地植物的种植量,枯死苗木或缺株断行应适时更换补栽。补栽应优先使用同品种、基本同规格的苗木,保证补栽后的景观效果。落叶树宜在11月至次年4月上旬补栽,常绿树宜在秋季或早春补栽,不耐寒种类宜在晚春补栽,开花早的树种可在花谢后补栽。

11.7.2 绿化栽植宜总体满足"缺株地段补绿""密林地段补色""乔木灌木相间"的要求;草坪秃斑应随缺随补,保证草坪的覆盖度和致密度;补草可采用点栽、播种和铺设等方法。

附 录 A
（资料性）
日常巡查内容

A.1 路基

路基日常巡查内容，见表 A.1。

表 A.1 路基日常巡查内容

序号	内容
1	路肩边缘是否顺适；路肩、暗沟盖板是否整洁；路缘带是否缺损、歪斜、下沉或拱起，护肩是否破碎、下沉
2	排水设施是否淤积、积水、渗漏、长草，沟底是否冲刷或淘空，有无裂缝、断裂及勾缝损坏情况；边沟墙加高部分是否损坏，盖板是否损坏
3	挡土墙、护坡等防护设施有无裂缝、沉降、鼓肚、变形，挡土墙与路面交接处是否开裂
4	沿河挡墙基础是否冲刷、掏空
5	边坡是否稳定，有无高草、松土、堆积、坍塌、冲沟；零星小溜方、塌方清理是否修复及时；垃圾堆放是否规范
6	路基是否缺口、溜方等。暴雨期间巡查应特别注意地表水是否往路基低洼处集中冲刷，可能造成路基缺口
7	上边坡截水沟及平台排水是否通畅

A.2 路面

路面日常巡查内容，见表 A.2。

表 A.2 路面日常巡查内容

序号	内容
1	路面是否平整、洁净、不积水
2	路面是否断角、断板、错台、坑槽、沉陷、开裂、拥包等病害
3	检查并清除路面污染、抛弃物和路障
4	突发交通事故或水毁溜方造成路面溜方、堆物、污染，是否及时清理、上报或设置标志
5	是否存在突发性路面病害

A.3 桥涵

桥梁日常巡查内容，见表 A.3。

表 A.3 桥梁日常巡查内容

序号	内容
1	桥面是否完好,有无裂缝、局部坑槽、碎边;桥头有无跳车
2	桥面泄水管是否堵塞和破损;桥栏杆是否损坏;伸缩缝是否淤土或损坏或渗漏水
3	支座是否完好;信息牌是否完好;桥检查通道是否整洁、防抛网和防眩板是否完好
4	桥梁基础是否有明显冲刷,河道是否畅通
5	桥梁锥坡是否损坏、长草;桥下空间是否被占用

涵洞、通道日常巡查内容,见表 A.4。

表 A.4 涵洞、通道日常巡查内容

序号	内容
1	涵洞、通道路面有无明显沉降,水流是否畅通,涵洞是否渗漏水
2	洞身、涵底、进出水口、护坡和填土是否完好
3	进口窖井是否淤积堵塞,出口跌水槽、涵帽是否损坏,强降雨或暴雨期间重点检查涵洞排水是否顺畅,有无杂物堵塞
4	涵洞检查通道是否整洁,防护网是否完好
5	涵洞出口急流槽、截水墙是否损坏等

A.4 隧道

隧道土建结构日常巡查内容,见表 A.5。

表 A.5 隧道土建结构日常巡查内容

序号	内容
1	日常巡查应对隧道洞口、衬砌、路面是否处在正常工作状态、是否妨碍交通安全进行检查
2	隧道洞口边仰坡是否存在边坡开裂滑动、落石等现象
3	隧道洞门结构是否存在大范围开裂、砌体断裂、脱落等现象
4	隧道衬砌是否存在大范围开裂、明显变形、衬砌掉块等现象;是否有潮湿渗水现象
5	是否存在地下水大规模涌流、喷射,路面出现涌泥沙或大面积严重积水等威胁交通安全的现象
6	隧道路面是否存在散落物、严重隆起、错台、断裂等现象
7	隧道洞顶预埋件和悬吊件是否存在断裂、变形或脱落现象

机电设施日常巡查内容,见表 A.6。

表 A.6 机电设施日常巡查内容

序号	内容
1	供配电设施日常巡查,应观察变压器、高低压配电柜及变配电室内相关设备的外观及运行状态,判断是否有外观破损、声响、发热、气味、放电等异常现象
2	照明设施日常巡查,应观察照明设备的外观及运行状态,判断有无异常

表 A.6 机电设施日常巡查内容（续）

序号	内容
3	通风设施日常巡查,应观察通风设备的外观及运行状态,判断是否存在隐患
4	消防设施日常巡查,应观察各类消防设备的外观,并判断有无异常
5	监控与通信设施日常巡查,应巡检隧道内各种监控设备、信息采集和发布设备、监控室各类监视设备的外观和主要功能,并判断有无异常

A.5 其他工程设施

其他工程设施日常巡查内容,见表 A.7。

表 A.7 其他工程设施日常巡查内容

序号	内容
1	巡查其他工程设施有无明显结构变形破坏,电缆沟、设备洞室是否存在明显涌水,洞外联络通道路面有无落物,洞口绿化区有无树木倾倒在行车限界范围内,污水处理设施有无明显淤积
2	应对洞外联络通道隔离设施进行日常巡查,保证通道隔离设施完好,通道在正常状态下应处于封闭状态

A.6 交通工程及沿线设施

交通工程及沿线设施日常巡查内容,见表 A.8。

表 A.8 交通工程及沿线设施日常巡查内容

序号	内容
1	检查护栏、隔离栅、防落网、标志、标线、减速设施等沿线及交通工程的缺损、变形、污染、锈蚀等情况
2	公里牌、百米桩、轮廓桩是否有缺损污染,混凝土防撞护栏墙脚是否积水,护栏是否变形、位移
3	泄水孔是否畅通以及是否集中冲刷路基,可能造成路基掏空
4	服务区检查、停车区、加水站检查(卫生是否达标、厕所设备、标志等是否完好、各项设施是否完好)
5	交调设备及公路视频监控点是否运转正常,可变情报板是否正常

A.7 绿化工程

绿化工程日常巡查内容,见表 A.9。

表 A.9 绿化工程日常巡查内容

序号	内容
1	是否有病虫害;是否影响行车视距
2	枯枝修剪是否合理、保洁、修剪、移补植是否到位
3	行道树是否爬藤缠绕;路树是否遮挡标志牌,路树倾倒是否及时清理、扶植

附 录 B
（资料性）
公路日常养护病害处治对策

B.1 路基

路肩病害处治对策，见表 B.1。

表 B.1 路肩病害处治对策

序号	病害类型	病害详细描述	处治措施		备注
1	路肩缺口	路肩一侧宽度小于设计宽度10cm及以上，路肩出现20cm×10cm以上的缺口	路肩缺口修补		—
		路缘石丢失、损坏、倾倒	更换路缘石		
		路缘石与路面脱离透水等	修补裂缝、重新铺设路缘石		
2	路肩裂缝	路肩出现纵向裂缝、横向裂缝、龟裂、块裂等开裂性病害	与路面裂缝处治方法相同		—
		土路肩出现裂缝	修补裂缝，可硬化土路肩或植草加固		
3	路肩杂草	路肩存在未经修剪且高于15cm的杂草	阶段性修剪，控制高度在15cm以内		—
		杂草过界生长	修剪侵入公路建筑界限内的杂草		
4	硬路肩脱空	硬路肩面层以下结构层发生损坏，面层、基层、土基之间发生脱空现象	推荐	挖补回填	—
			备选	注浆	具备注浆工艺条件地区
5	路肩排水不良及堆积物	路肩高于路面，从而阻挡路面排水	根据地形进行局部挖填方、横坡处理		—
		边沟排水不良	清理边沟堆积物		
		土路肩横坡不良	调整横坡		
6	土路肩病害	土路肩发生松散、开裂、沉陷、软化等病害	推荐	砌石加固	—
			推荐	水泥混凝土加固	软化等病害较为严重
			备选	开挖重新压实	—
			备选	植被加固	—

边坡病害处治对策,见表 B.2。

表 B.2 边坡病害处治对策

序号	病害类型		病害详细描述	处治措施	备注
1	边坡堆积物及杂草		存在未经修剪且高于15cm的杂草	杂草清除	—
			存在倾倒树木、杂物、垃圾及堆积物	边坡清理	—
2	碎落崩塌		边坡坡度过陡、风化严重	坡面加固	风化严重
			路堑边坡因表层风化等产生岩层剥落、碎石滚落、局部崩塌等危险隐患的现象	浮石清除	
3	坡面病害	局部坍塌坡面冲刷	由雨水冲刷在路堤坡面上形成的宽度和深度均在10cm以上的沟槽(含坡脚缺口),在路堑坡面上形成的宽度和深度均在20cm以上的沟槽	坍塌处治	—
		边坡裂缝	边坡呈现细裂缝(<0.5cm裂缝)	填塞修复	—
			边坡呈现宽裂缝(>0.5cm裂缝)	开挖回填	缝隙较深
		岩石风化	轻度	抹面	—
			重度	喷浆	—

排水设施病害处治对策,见表 B.3。

表 B.3 排水设施病害处治对策

序号	病害类型	病害详细描述	处治措施	备注
1	排水设施堵塞	现有排水设施内存有杂物、垃圾、淤积等,造成排水设施堵塞、排水不畅或路基自身排水系统与外部排水系统不连通	清除疏通	堵塞导致排水不畅
2	排水设施损坏	排水设施出现勾缝严重脱落、破损、破坏缺失等	维修加固	—

防护及支挡结构物病害处治对策,见表 B.4。

表 B.4 防护及支挡结构物病害处治对策

序号	病害类型	病害详细描述	处治措施	备注
1	杂草、杂物	护坡支挡构造物存在杂草、杂物、人为垃圾堆积	除草、保洁	—
2	挡土墙裂缝	出现的勾缝或沉降缝损坏、表面破损、钢筋外露和锈蚀等	裂缝修复、局部维修	—
3	挡土墙泄水孔堵塞	排(泄)水孔发生淤塞,造成排水不畅	疏通清理	—
4	局部损坏	局部出现的基础掏空、墙体脱空、脱落、鼓肚、轻度裂缝、下沉等	局部修复	—

路堤与路床病害处治对策,见表 B.5。

表 B.5 路堤与路床病害处治对策

序号	病害类型	病害详细描述	处治措施	备注
1	路基翻浆	排水不畅、土质不良、含水率过高,出现裂缝、冒泥浆等	根据不同季节采取措施预防处治	—
2	杂物堆积	人为倾倒的垃圾、堆积的秸秆等杂物	杂物清除	—
3	路基缺口	路基沉陷长度在 20m 以内,深度 50cm 以内	挖除填补	—
4	轻微沉陷	出现大于 4cm 的差异沉降,或大于 5cm/m 的局部沉陷	填补平整	—
			压浆处治	具备相应工艺地区

沥青路面沥青路面裂缝类病害处治对策,见表 B.6。

表 B.6 沥青路面裂缝类病害处治对策

序号	病害类型	病害严重程度及详细描述	交通荷载等级		养护措施	备注
1	纵横向裂缝	轻度、无支缝	轻交通	推荐	清缝灌缝	适用于轻度零星单条裂缝处治
				备选	贴缝	适用于轻度零星单条裂缝处治
					开槽灌缝	适用于重度单条裂缝处治
			重交通及以上	推荐	清缝灌缝	—
					开槽灌缝	—
				备选		—
		重度、有支缝	轻交通	推荐	开槽灌缝	—
				备选	挖槽回填	适用于重度、有支缝的病害处治
			重交通及以上	推荐	开槽灌缝	—
					挖槽回填	—
				备选	—	—
2	龟裂	轻度	轻交通	推荐	刮油封裂	适用于轻度病害处治,不适用于伴随有沉陷变形病害情况
					挖槽回填	—
				备选	—	—
			重交通及以上	推荐	挖槽回填	—
				备选	冷铣刨-热摊铺	适用于重度大面积病害处治
		中重度	轻交通	推荐	挖槽回填	—
				备选	冷铣刨-热摊铺	—
			重交通及以上	推荐	挖槽回填	—
				备选	冷铣刨-热摊铺	—

表 B.6 沥青路面裂缝类病害处治对策（续）

序号	病害类型	病害严重程度及详细描述	交通荷载等级		养护措施	备注
3	块裂	轻度	轻交通	推荐	清缝灌缝	适用于基层状况良好的病害处治
				备选	刮油封裂	适用于基层状况良好的病害处治
			重交通及以上	推荐	挖槽回填	—
				备选	—	—
		重度	轻交通	推荐	清缝灌缝 挖槽回填	—
				备选	冷铣刨-热摊铺	—
			重交通及以上	推荐	挖槽回填	—
				备选	冷铣刨-热摊铺	—

注1：交通量按每车道、每日平均大型客车及中型以上的各种货车交通量[辆/(d·车道)]进行交通等级划分，轻交通＜1500；重交通及以上≥1500。
注2：基层状况尚稳定的轻微病害可针对路表病害进行处治；若病害伴随基层损坏的情况，需挖除面层后对基层处治。

沥青路面变形类病害处治对策，见表 B.7。

表 B.7 沥青路面变形类病害处治对策

序号	病害类型	病害严重程度及详细描述	养护措施	备注
1	坑槽	轻度	挖槽回填	适用于轻度小面积处治
			冷补料修补	可作为冬季和雨季期间对于面积小于 3 m² 坑槽的临时处治措施；不可用于重交通路段
		重度	冷铣刨-热摊铺	适用于重度、大面积或结构性病害处治
			热再生	重度、大面积或结构性病害预防性养护
2	沉陷	轻度	回填压实	适用于路基密实稳定的轻度小面积处治
		重度	挖槽回填	—
			冷铣刨-热摊铺	—
3	拥包	轻度	挖槽回填	适用于轻度小面积处治
		重度	精铣刨	适用于重度大面积处治
			冷铣刨-热摊铺	适用于重度大面积处治
4	松散麻面	轻度	刮油封裂	适用于原路面贫油时，不同程度病害的处治
			刷乳化沥青	适用于原路面贫油时，轻度小面积处治
		重度	挖槽回填	适用于重度大面积处治
			微表处或封层	适用于预防性养护

表 B.7 沥青路面变形类病害处治对策（续）

序号	病害类型	病害严重程度及详细描述	养护措施	备注
5	泛油	轻度	撒布碎石处治	适用于不同程度泛油病害，对撒布碎石的粒径要求及工艺选择不同
		重度	撒布碎石处治	—
			微表处或封层	适用于预防性养护处治
			冷铣刨-热摊铺	适用于大段落病害处治
注：基层状况尚稳定的轻微病害可针对路表病害进行处治；若病害伴随基层损坏的情况，需挖除面层后，对基层处治。				

B.2 水泥路面

水泥路面病害处治对策，见表 B.8。

表 B.8 水泥路面病害处治对策

病害类型	病害及严重程度描述		备注
接缝类	填缝料损害	轻度	补灌填缝料
		中、重度	更换填缝料、修改密封设计
	啃边	轻、中度	局部浅层修补、更换填缝料
		重度	全厚式混凝土补块
	脱空或唧泥	轻度	可不处理，仅进行边缘排水
		中度	传荷能力恢复、灌浆稳板
		重度	综合排水、综合灌浆
	拱胀	轻度	可不处理、应力释放法修复
		中度、重度	设置隔离缝、板块切除
	错台	轻度	错台磨平
		重度（板端无破损）	传荷能力恢复、灌浆稳板
		重度（板端有破损）	板块修补
裂缝类	纵横向裂缝	轻度	密封裂缝、钻孔注胶
		中度	传荷能力恢复、条带修补、全厚式混凝土补块
		重度	全厚式混凝土补块、整板更换
	角隅断裂	轻、中度	密封裂缝、全厚式混凝土补块
		重度	全厚式混凝土补块、整板更换
	破碎板	轻度	不处理、密封裂缝
		重度	整板更换
	耐久性裂缝	轻、中度	轻度不处理，中度采用局部浅层修补、全厚式补块
		重度	全厚式混凝土补块、整板更换

表 B.8 水泥路面病害处治对策(续)

病害类型	病害及严重程度描述		备注
裂缝类	剥落	轻度、中度	不处理,局部薄层修补
		重度	局部薄层修补、罩面
	坑洞	轻度、中度	坑洞修补
		重度	坑洞修补、局部浅层修补、全厚式补块
	磨光	轻度	化学处理
		重度	机械刻槽、金刚石纵向铣刨
表层类	坑洞	轻、中度	坑洞修补
		重度	坑洞修补、局部薄层修补、全厚式补块
	表面功能丧失	轻度	局部薄层修补
		重度	局部薄层修补、刻槽
其他类	路肩与车道分离	轻度	密封处理
		重度	补设拉杆、传荷能力恢复、路肩硬化
	修补块再破损	轻、中度	扩大修补块尺寸、全厚式修补块
		重度	全厚式修补块、整板更换
	沉陷	轻度	路床灌浆、板底灌浆
		重度	综合灌浆、路基路面变形协调

B.3 桥涵

上部结构病害处治对策,见表 B.9。

表 B.9 上部结构病害处治对策

分类	序号	病害类型	病害详细描述	处治措施		备注
桥面系	1	桥涵不洁	桥涵存在积水、积雪、杂物,伸缩缝存在沉积物	桥涵清洁		—
	2	排水设施堵塞	泄水管管道、引水槽等排水设施发生堵塞	清理疏通		—
	3	排水设施损坏	泄水管管道破坏、脱落;引水槽破裂等	推荐	水泥砂浆修复	局部破裂损坏
				备选	水泥混凝土重新砌筑	无法满足排水需求
	4	伸缩缝堵塞	伸缩缝存在垃圾、淤泥等,导致堵塞	及时清理		—
	5	伸缩缝损坏	伸缩缝出现连接部件松动、脱落、局部破损	推荐	局部配件更换	—
				备选	更换新型伸缩缝	具备相应材料产品及工艺地区
	6	小型构件损坏	人行道、缘石、栏杆、扶手、护栏、引道护栏发生局部轻微损坏,如撞坏、断裂、松动、错位、缺件等	推荐	灌注环氧树脂、聚合物砂浆等	轻微损坏
				备选	凿除重新修复	损坏严重
	7	小型构件锈蚀	栏杆、扶手、护栏、引道护栏发生剥落、锈蚀等	除锈后油漆		金属构件

表 B.9 上部结构病害处治对策（续）

分类	序号	病害类型	病害详细描述	处治措施		备注
桥面系	8	桥面铺装损坏	沥青混凝土桥面铺装出现裂缝、坑槽、沉陷、波浪	推荐	局部修补	轻微损坏
				备选	凿除重新修复	损坏严重
			水泥混凝土桥面出现剥离、渗漏、钢筋露筋、锈蚀等	凿除重新修复		—
	9	桥头跳车	搭板脱空、断裂或枕梁下沉	挖除换填		沉陷较严重
	10	灯柱歪斜及破损	灯柱歪斜或缺损、灯具损坏	更换、修正		—
	11	标志、标线、安全设施污渍或损坏	交通安全标志、标线、防眩板等表面存在污渍，不整洁	及时清洁		—
			交通安全标志、标线、防眩板、防护设施等缺失或损坏	维修更换		—
钢筋混凝土梁桥	12	钢筋混凝土梁桥构件表面污垢	钢筋混凝土梁桥存在表面污垢	清水洗刷污垢		—
				疏通伸缩缝、排水设施		由于排水不畅引起的污垢
	13	钢筋混凝土梁桥梁（板）体破损	混凝土表面存在空洞、破损、剥落、表面风化等	推荐	环氧砂浆修补	—
				备选	其他聚合物砂浆类材料修补	—
	14	钢筋混凝土梁桥梁体露筋	钢筋暴露，暴露钢筋存在锈渍、锈蚀	除锈后喷涂阻锈剂，使用环氧树脂修复保护层		—
	15	钢筋混凝土梁桥梁（板）体开裂	各种横、纵向构件存在非结构性裂缝；联结件发生开焊、锈蚀	推荐	喷洒防水涂料	因钢筋保护层厚度不足发生的锈胀开裂
				推荐	更换、补焊、帮焊构件	联结件开裂、断裂、开焊
				推荐	涂刷环氧树脂胶	裂缝宽度小于0.15mm
				备选	压力灌浆、勾缝压浆	裂缝宽度大于等于0.15mm
预应力混凝土梁桥	16	预应力钢筋混凝土梁桥病害	混凝土表面剥落、渗水，梁角破碎、露筋，钢筋锈蚀、局部破损等；预应力钢束应力损失；预应力钢束的纵向裂缝，锚固区局部承压的劈裂缝；梁体出现裂缝	推荐	同钢筋混凝土梁桥	部分预应力B类构件
				备选	裂缝全部进行处理及加固	全预应力及部分预应力A类构件

表 B.9 上部结构病害处治对策(续)

分类	序号	病害类型	病害详细描述	处治措施		备注
钢桥	17	钢桥污垢	钢桥存在表面污垢、锈蚀	清洁污垢,除锈		—
	18	钢桥铆钉、螺栓破损	铆钉、螺栓松动或损坏	拧紧松动螺栓,更换损坏构件		—
	19	钢桥焊缝开裂	焊缝处若发现裂纹、未熔合、夹渣、未填满、弧坑等缺陷	返修焊接		—
	20	钢桥附属构件杆件弯曲	钢杆件局部弯曲、扭转	冷矫正		—
	21	钢桥木板面板破损	钢桥木板面板发生破损	推荐	加铺轨道板或加设辅助横梁	—
				备选	改为钢筋混凝土桥面	经计算允许增加恒载
拱桥	22	拱桥污垢	存在表面污垢	清除污垢		—
	23	拱桥破损	砌体的边角破损	环氧砂浆修复		—
斜拉桥	24	斜拉桥病害	构件破损、开裂、锈蚀等,拉索、索塔病害	推荐	参照钢筋混凝土桥、预应力混凝土桥及钢桥病害处治方法	普通病害
				备选	拉索、索塔构件养护	拉索、索塔构件开裂、漏水、渗水
悬索桥	25	悬索桥病害	构件破损、开裂、锈蚀等,索股及缆索病害	推荐	参照钢筋混凝土桥及钢桥病害处治方法	普通病害
				备选	调整螺栓复位	索股松弛或过紧
				推荐	修复处理,更换保护层	主缆索的防护层如有开裂、剥落
支座	26	支座状况不良	支座有尘土堆积、有腐蚀,支座滑动面干涩	清理,除锈,钢支座加润滑油		—

下部结构病害处治对策,见表 B.10。

表 B.10 下部结构病害处治对策

分类	序号	病害类型	病害详细描述	处治措施		备注	
墩台基础	1	墩台冲刷病害	墩台基础冲刷过深或局部掏空	抛填块石、片石、石笼等		—	
	2	墩台铺砌损坏	桥下河床铺砌出现局部损坏	补砌或采用混凝土修补		—	
锥坡、翼墙	3	锥坡及侧翼损坏	锥坡、侧翼发生开裂、下沉等损坏	局部维修		—	
墩台	4	表面不洁	墩台表面存在青苔、杂草、灌木和污秽	及时清除		—	
	5	杂物堆积	桥下杂物、弃土堆积	及时清除		—	
	6	灰缝脱落	圬工砌体灰缝出现脱落	清除缝内杂物,重新用水泥砂浆勾缝		—	
	7	风化损坏	墩、台身圬工砌体表面风化剥落或损坏	推荐	水泥砂浆抹面修补	损坏深度在3cm以内	
				备选	挂网喷浆或浇筑混凝土	损坏面积较大且深度超过3cm时	
	8	镶面风化	圬工砌体镶面部分严重风化和损坏	石料或混凝土预制块补砌、更换		—	
	9	砌块裂缝	墩台身圬工砌体的砌块出现裂缝	灌注水泥砂浆、植筋并现浇钢筋混凝土、拆除后重新砌筑		—	
	10	表面病害	墩、台表面发生侵蚀剥落、蜂窝麻面、裂缝、露筋等病害	推荐	水泥砂浆修补	—	
				备选	环氧树脂、高分子砂浆或其他聚合物混凝土修补	受行车震动影响,不易用水泥砂浆补牢	